社会の解読力〈歴史編〉

現在せざるものへの経路

赤川学・祐成保志　編著

新曜社

序に代えて――歴史社会学・再考

最近は書物のタイトルに「歴史社会学」の語を見るようになった。かつては、この名のり自体があまり一般的ではなかった。気のせいかもしれないが、込めた思いにつりあわない、なにか怪しげな印象すらともなっていた。たぶん一九九〇年代半ばから、社会学界内部での使用が増え、期待と理解とが積み重なってきたことが一因でもあろう。それほどの違和感を覚えなくなった。

しかしながら、この語がたどった歴史は単純ではなく、いくつにか折れ曲がっている。

私が学生として社会学を学んでいた一九七〇年代の後半、「歴史社会学」は、まったくの死語であった。講義でも演習でも、このことばを聞いた記憶がまるでない。のちに日本の社会学史を学んで、遠く一九三〇年代に、文化社会学や知識社会学とともに輸入された、新来の思想であったことを知るが、黒川純一『轉近社会学の動向――形式社会学と歴史社会学』（巌松堂、一九三七）や樺俊雄『歴史社会学の構想』（青也書店、一九四九）という書物は、背表紙の文字も古びていて、研究室の書架から引きだすひともいなかった。

*

だからといって、七〇年代末の社会学が「歴史」を無視していたわけではなかった。

むしろ逆である。「社会史」の登場が注目をあつめ、「新しい歴史」研究の必要性があらためて強調されていた。そこでは、歴史学の主流を構成してきた制度史・政治史の視野の狭さがあらわにされ、あるいは講座派的な発展段階の枠組みのあてはめにとらわれた歴史認識の硬直が批判された。社会学においてもまた、歴史への新たな取り組みが、じつはブームといっていいほどに熱をこめて論じられていたのである。参加していた高橋徹教授の社会学演習では、アナール学派の心性史論の新しい動向や、欧米の社会運動史の視野拡大を論じた文献がとりあげられていた。

先駆けであった網野善彦『無縁・公界・楽』(平凡社、一九七八)と、阿部謹也の『中世を旅する人びと』(平凡社、一九七八)、『刑吏の社会史』(中公新書、一九七八)が刊行されたのは、私が卒業論文のテーマを考えはじめた頃だった。「アジール」とか「無縁」という概念の背後でその対抗力をささえる意味世界の固有性や、都市国家の生成のなかで複合的に生成してくる差別のメカニズム、同じことばの内側に新たな意味が誕生するダイナミズムなど、視点の新鮮さがおもしろく、勝手な読み込みまじりながら、さまざまなインスピレーションを得た(1)。

そして私はというと、柳田国男の『明治大正史 世相篇』の固有名詞のない歴史記述の構想や、『豆の葉と太陽』に描かれた自然と人間との関係の歴史、『木綿以前の事』などのモノに焦点をあわせたメディア史を、社会史の先駆的な試みではないかと位置づけつつ、この新たな潮流の興隆を受けとめていたように思う(2)。

にもかかわらず、そうした社会史のインパクトの意義をさらに深めて、三〇年代とは異なる「歴史社会学」をことあげする研究者は、同時代にはいなかった。そして私もまた、そうした野望をもたなかった。なぜか、と問われると、ほんのすこしたじろぐ。もちろん、事実としてまだ私はなにものでもなく、新たな専門領域の旗印を揚げる力も覚悟もなかったけれど、それだけではない。

決め打ちで、そう名のってしまうことをめぐるためらいもまた、根底に否定しがたくあったように思う。

*

いま考えると、社会学としての可能性の分断を恐れていたのではないか。

コモンズとなりうるかもしれない場に、特定の名を奉ずることで方法の垣根を生みだしたくなかった。入会地という比定には、おそらく議論の余地があるだろう。けれども、ここでいうコモンズ（共有地）の分断とは、社会学というディシプリンそのものの可能性の核心が、細かな専門領域の領土の障壁によって、とらえにくくなっているという実感だった。

いまでも、あなたの社会学での「専門」はなんですかという問いが、たぶん無頓着に発せられている。そこで表明を期待されているのは、いささか儀礼的で、制度的で、主観的な位置取りである。だから、空虚な記号ではないかと思いつつも、問われれば、都市社会学ですとか文化社会学をやっていますと、領域の名で応じたりする。あるいは、理論屋ですとか調査屋ですという、ちょっと斜めに構えた括りで身をかわすひともいる。しかしながら、会話はそのあといつも、たいした拡がりをもたない表面的な挨拶で終わる。

意味のある問答だとは思えない分だけ、私もまた、しばしばうんざりしていた。

乱暴な言い方だが、その研究者が取り組んでいる主題が、たとえ意外で埒外で規格外のもののように見えたとしても、その主題そのものが興味深く、論ずる価値をもっているなら、ただ「社会学」と理解して共有するだけでいいではないかと考えていたからである。そこに、専門を分けて語る分野の名が必要なのだろうか、と。

であればこそ、歴史社会学というひとつの分野名を提案して、荘園のような、租界のような区分けを創りだすことに、熱意をもてなかったのである。

＊

もちろん、研究者が自らの拠ってたつ方法的な立場を自覚的に選び、その可能性を明晰に語ることは、たしかに大切である。

そして戦後日本の社会学は、主題別の「専門」を次々と生みだすことによって、固有のフィールドを設定し、ある意味で独立しようとしていた。その努力をことさらに無視しているわけではない。それは、社会学という学問の主体性・自律性を確立しようという教養形成の物語（Bildungsroman）であった(3)。その結果として、いわゆる「連字符社会学」の諸王国が簇生《そうせい》した。

都市にせよ地域にせよ産業にせよ家族にせよ、対象領域の名を冠して専門性を明確化することは、いくつかの意味で象徴的だった。なによりも、その対象を実体と措定することによって調査研究が可能となり、必要な理論枠組みの構築を分担することができた。その意味で実証をともなう諸専門分野の誕生は、領土の確定と自治の確立を求める一種の「民族独立運動」（nationalism）だったのである。しかし、こうした名のりと学会の結成とを、ただ組織化・専門化のシンプルなプロセスととらえてしまうのは、不十分である。それは、主題を分類するディシプリンの枠組みであると同時に、それぞれの研究者のアイデンティティを枠づけ、成形する箱として機能したからである。

その分類の「箱」づくりをめぐる、やや戸惑い含みの足跡は、日本の社会学者たちの共同作業であった、いわゆる「講座」の編成にも残されている。

＊

新制大学の教育において、おそらく日本社会学会あげてのはじめての教科書づくりであったのが、林恵海・臼井二尚編『教養講座　社会学』（有斐閣、一九五三）であった(4)。その経験を引き継いで、一九五〇年代末の福武直・日高六郎・高橋徹編の『講座社会学』（東京大学出版会、一九五七―五八、全九巻・別巻一）が構想された(5)。そこで「家族・村落・都市」の一巻に押し込められていたディシプリンとしての家族社会学・農村社会学・都市社会学は、一九七〇年代前半に刊行された福武直監修の『社会学講座』（東京大学出版会、一九七二―七六、全十八巻）では、それぞれ独立の一巻を構成するにいたった(6)。

この社会学講座では「数理社会学」が新たに旗揚げし、「社会意識論」「現代社会論」が設定されるなど、意欲的な試みも含まれていた。その半面で、「理論社会学」と「社会学理論」とが並列されて、奇妙な分裂の折衷感が残るなど、当時の状況が率直に刻みこまれている。この序文での議論に即していえば、「歴史と課題」という一巻が設けられているが、その内実は従来の「社会学史」に対応する学史研究であって、のちの歴史社会学とはまったくの別ものであったことなどが印象に残る。

一九八〇年代後半に企画された『リーディングス日本の社会学』(東京大学出版会、一九八五—九七、全二十巻)になると、方法や認識枠組みの位相よりも、対象の存在が前面に押し出される。[7] 戦後四十年の成果鳥瞰のアンソロジーという特質からの制約でもあるのだが、伝統家族・現代家族・農村・都市・文化と社会意識・社会運動など、対象別に巻を括る編集方針がとられる。

しかしながら、対象としての「歴史」は、一巻の主題としては設定されなかった。そのことを半分は冒険として惜しくも思うが、半分は無理もない自然な成り行きであったと考える。

当時の社会学は、一九七〇年代末の社会史が提起していた歴史の革新の意味を、学問の方法に関わる、それほど大きな問題提起だとは受けとめていなかったからである。のちに「構築主義」(constructionism)として、あるいは「再帰性」(reflexivity)「行為遂行性」(performativity)「立場性」(positionality)として評価される、相対性を自覚的に使いこなす方法の核心は、すでに「伝統の発明」として、あるいは「知識人たちの自己批判の回路」[8]として論じられていた。しかし、まだ社会学において論じられていた、理論的対象の構築という認識論的なプロセスにまで結びつけられていなかった。[9]

あまり単純化するつもりはないが、なぜ「歴史社会学」をことあげしなかったかの躊躇も、このあたりの「機はいまだ熟さず」の判断と無縁ではない。あえていうならば〈根〉をもつための地として選ばれたはずの「都市」や「地域」や「家族」ではあったが、反面において方法を意識下に追いやり、誕生・生成・構造化のプロセスを思い描く〈翼〉を封じる、鳥籠のような作用を及ぼした。そして、その概念のもとで問うことが社会の研究のどこに位置しているのかが見えなくなる、いわば「個室」のような断絶をもたらしていた。社会史の時ならぬブームが揺るがしたのは、そのように通行の概念に固着し、既存のアプローチにしばられた、方法の閉塞感ではなかったか。

そう考えていくと、私の学生時代における「社会史」の流行が、同時代における「比較社会学」の隆盛の意義と重ねあわせられるものであったことの、偶然ならざる符合に気づく。

ともに、いま常識としてよりかかっている認識や感覚を、問いなおす力を有していたからである。

*

それならばいつ、私自身は「歴史社会学」の語を使いはじめたのだろうか。

論考のタイトル等の目立つ場所で、おずおずとかかげたのは、『風景の生産・風景の解放――メディアのアルケオロジー』（講談社、一九九四）の「序」の副題あたりがはじめてではないかと思う[10]。すでに筒井清忠編『「近代日本」の歴史社会学――心性と構造』（木鐸社、一九九〇）の共同研究の論集がまとめられ、藤田弘夫『都市と権力――飢餓と飽食の歴史社会学』（創文社、一九九一）が刊行されていて、岩波書店の『思想』もすでに「歴史・表象・文化――歴史社会学と社会史」（一九九二年二月号）のような特集を組んでいたのだから、ずいぶんあとからの合流のように思われるかもしれない。

論文タイトルに堂々とだしたのは「家庭文化の歴史社会学にむけて」（上野千鶴子ほか編『〈家族〉の社会学』岩波講座現代社会学第十九巻、一九九六）あたりがはじめてだったように思う。そして本の題名に登場するのは、岩波書店が企画した現代社会学選書（全八冊）の一冊として頼まれた、二〇〇一年の『歴史社会学の作法』になってである[11]。

半周遅れの後追いであるからこそ、私の「歴史社会学」の主張は、たぶんみかけ以上に、「社会学」の方法であることを強調している。対象としての「歴史」よりも、である。あるいは、社会の学であることの可能性にこだわっている。なによりもまず、「現在」性をもつ自分の問題意識と、「過去」性をもつ対象事象とのあいだの「掛け算」[12]を重視しているのは、それゆえである。

なぜその対象の分析において、「歴史」が呼びだされるのか。その意味づけが深く、問われなければならない。くだけた言い方だが、過去の事実を明らかにするために調べるとか、どうであったかを描きだすなどという形で、素朴な記述の「歴史」に逃げてしまうことは、社会学として許されない。資料としてそこにある記録や記憶は、すでに説明が内包された物語であり、さまざまな主体によってあつめられたデータは、解読格子を内蔵した切り取りである。つまり、解くべき問題は明確に設定されなければならず、その設定の枠組みの自覚化は、なによりも対象の構築において、そしてその生成の認識において不可欠である。そうした歴史社会学の方法的規準は、私なりの「社会史」のインパクトの昇華である。この規準は同時に、『柳田国男の歴史社会学』（せりか書房、二〇一五）で整理した方法としての比較の重要性や、主体そのもののポジショナリティへの反省の重要性ともつながっていくのだが、今回の論集に寄せられた力作を読んで、さらなる前提として強調しておくべき論点に気づいた。

それは、過去がいまはそこに存在していないという、単純で厳粛な事実である。

いまだ存在していない未来もまた、そこには現実にあらわれていないだろう。

同じように過去も、そこで触知しうる現象としては存在していない。

だから、想像力において描きだす以外にない。たとえ、記録や資料やデータが豊富に残されていたとしても、そこに現実を想像する力が掛けあわせられなければ、過去は物語として立ちあがらない。因果（原因と結果）や縁（関係）の物語なしに、事実はその多面性をあらわにしない。そして歴史として名指すべきものが、物語としての説明や謎をともない、さらなる探究を必要とする現実としてあらわれてはこない。つまり、〈すでに存在せざるものへの想像力〉と〈いまだ存在せざるものへの想像力〉は、実証と向かいあう歴史社会学を前にすすめる不可欠の動力である。その社会学は、対象が過去の事象であるかどうかすら、動かせない必要条件とはしていないのである。

佐藤健二

【注】

(1) そうした歴史研究のインパクトに導かれて、たとえば笠松宏至、勝俣鎮夫、川北稔、喜安朗、黒田日出男、近藤和彦、千々和到、角山栄、二宮宏之、良知力、黒羽清隆らの方法に触れ、あるいはM・ブロック、L・フェーブル、G・ルフェーブル、J・ル゠ゴフ、P・グーベール、R・ダーントン、W・シヴェルブシュ、P・アリエス、R・シャルチエらの作品に学んだりして、多くを教えられた。

(2) その痕跡が、教養学部助手になって『社会科学紀要』に書いた「社会分析の方法としての《新しい歴史》」であり、最初の単行本である『読書空間の近代』(弘文堂、一九八七)の第一章となった。

(3) 学部生の頃に受けた「農村社会学」の講義で、福武直の戦後の苦闘が論じられていたのを思い出す。それは当時の社会科学を代表していたマルクス主義の農業経済学者からの批判に対抗して、いかに社会学の固有の立場を打ち出すかをめぐるものであった。同様の困難に、同じく戦後日本社会学の復興をになった尾高邦雄も、別なフェーズで向かいあっていたようにも思う。そこで構築されていく「産業社会学」が、若き日の「職業社会学」の構想の可能性のいくつかの断念のうえに成りたっていることは、近代日本の社会学史として論じなければならない主題だと思う。

(4) この教科書づくりもまた、戦後の社会学の復興を担う研究者の必要に根ざしていたことは、改訂版(一九五四)において編者に早稲田大学の武田良三が加わり、改訂増補版(一九五七)では日本社会学会編になっていくことにもあらわれている。

（5）それが社会に対する現代性をつよく意識していたことは、最初に刊行された巻が『大衆社会』（第七巻、一九五七年一〇月）であったことに象徴的にあらわれている。

（6）一九五〇年代に始まり「村研」と略称されていた村落社会研究会を中心とした研究活動から地域社会学会が独立していくのは一九七六年、日本都市社会学会が結成されたのは、やや遅く一九八二年だった。家族問題研究会あたりから組織化が本格的にはじまる家族の社会学の研究者が、家族社会学セミナーを始めるのが一九六八年で、日本家族社会学会の看板をかかげるようになるのは、一九九一年になってからである。

（7）一九九〇年代末に刊行されはじめる新しい『講座社会学』（東京大学出版会、一九九八―二〇一〇、全十六巻）が、基本的に「学」や「論」を軸に巻を分けず、環境・都市・労働・産業・逸脱・家族などの対象を前面に押し出したのは、このリーディングスにならったものであろう。この講座がいわば「仮想敵」とした『岩波講座現代社会学』（一九九五―九七、全二十六巻・別巻一）が、もっと自由闊達な対象の設定を選び「社会学」の語を組み合わせて打ち出したのとは対称的である。

（8）佐藤健二『歴史社会学の作法』前掲、八頁。阿部謹也の「伝説」研究が想像力をかきたてる力をもっていたのは、それが忘れられ見落とされていた過去の歴史の発見ではなく、過去をそのように描いてきた歴史記述や歴史認識そのものの歴史性の発見であり、主体の内なる歴史意識の拘束の意識化であったからである。

（9）この論点を先駆的に浮かびあがらせていたのは、アルチュセールの認識論的な生産過程の分析である。カステルに代表される一九八〇年代の新都市社会学は、アルチュセールの「イデオロギー」論や、「理論的対象」の概念を援用しつつ都市とはなにかに迫ろうとしたが、その解としてだされた「集合的消費」のコンセプトは生煮えの話題にとどまり、都市社会学をささえる力をもたなかった。

（10）もし、この本を書く段階で前述の躊躇をのりこえていれば、フーコーを意識しつつ「メディアのアルケオロジー」

などといわず、「メディアの歴史社会学」と打ち出したかもしれないし、また「生産／解放」のややねじれた対称をあえて盛り込むことなく、『風景の歴史社会学』という名前も選択肢に入っていただろう。

(11) この本の第一章書き下ろしの「社会学における歴史性の構築」が、『読書空間の近代』の第一章「「近代」の意識化──遡及する方法の課題として」の継承と展開になっているのは、偶然ではない。しかしながら、なお主題化したのは「歴史性の構築」である。もっと正面から「歴史社会学」を論ずるのは、二〇〇三年になってからである（鈴木幸壽・山本鎭雄・茨木竹二編『歴史社会学とマックス・ヴェーバー』上、理想社、一三五─一六〇頁）。そこでの論旨は『柳田国男の歴史社会学──続・読書空間の近代』（せりか書房、二〇一五）の第四章に盛り込まれている。

(12) この比喩は、「歴史と出会い、社会を見いだす」（苅谷剛彦編『いまこの国で大人になるということ』紀伊國屋書店、二〇〇六、二八五─三〇五頁）において、ベンヤミンの「歴史哲学テーゼ」の発想を説明するときに使った。ポイントは、ベンヤミンが考えている歴史とは、年表に事実を書きくわえていくような平板な「足し算」なのではなく、現在と過去の「掛け算」なのだということにある。

目次

装幀——新曜社デザイン室

凡例

・引用文中の引用者による補足箇所は、〔 〕で表した。
・引用文中の引用者による中略は、〔……〕で表した。
・引用文中の傍点は、とくに断りがない限り、原文通りとする。
・章末に掲げてある文献一覧は、アルファベット順に配列してある。

第1章　文書館の政治学
――〈啓蒙の装置〉から〈記憶の装置〉へ

葛山泰央

私たちは「歴史」を真実にする一つの政治的現実から出発して「歴史」を〈創り出しつつ〉、一つの歴史的真実から出発して未だに存在しないもう一つの政治学を〈創り出してゆく〉のです。

――ミシェル・フーコー「身体を貫く権力」（一九七七年）

本章では、記録史料を収集し保存し公開する社会的装置としての文書館（les archives）とその歴史的展開について考察する。文書館は、各種の記録史料が集成され、集団的記憶が創造される場として、一定の政治的機能を持つとともに、相互に重層する複数の歴史を織り成すなかで、その機能を変容させてゆく。ここでは、近代フランスを出発点にしながら、十八世紀における「国王封印状」の濫発と絶対王政の動揺を巡る問題、革命期における共和政の成立と「国民の文書館」の創出を巡る問題、十九世紀における文書館の全国的なネットワークの確立と大都市を中心とするその警察的機能を巡る問題、二十世紀における文書館と証言との関係を巡る問題などを検討してゆく。そのなかで、近代における文書館とその政治的機能の変遷が、〈王の権力〉から〈生権力〉への転換を伴いつつ、その限界領域において〈生き残らせる権力〉（Agamben［1998］2003）のイメージを拡散させてきたことを論究したい。こうした〈文書館の近代〉とも呼ぶべき過程を問い直すことを通して、文書館という社会的装置と、近代における共和政・国民国家・市民権との錯綜した関係、そこで排除や監視の対象にされてきた「汚辱に塗れた者たち」（Foucault［1977b］2015）の属する場、さらには、そのなかで記録史料を読み解く者たちの感受性や身体性の領域（Corbin［1998］2008）が提起する様々な問題を浮かび上がらせてみたい。

1　文書館への問い

文書（館）（les archives）とは何か。現代の文書館学の立場からそれを定義するならば、それは「実在の人格もしくは法的な人格や、公的な機関もしくは私的な機関によって構成され受け入れられたところの記録資料の総体（l'ensemble des documents）であり、それらの諸々の活動（activité）に由来しつつ、それらの活動に応じて組織化され、さらには将来的な活用（utilisation éventuelle）を目指して保存されるところのものである」（Favier［1958］2001: 1）。とくに関連する「記録資料の総体」を指す場合には「文書の集合（les archives）」として、またそれらが収蔵される施設を指す場合には「文書館（les Archives）」としてそれぞれを区別することもあるが、ここで問題にしたいのは、むしろそうした文書の集合態としての文書館の〈装置（dispositif）〉としての振る舞いである。

しかしなぜ文書館が歴史社会学の問題になるのか。それは、文書館という〈装置〉が、私たちの身体についてのイメージや、私たちの歴史や社会についてのイメージを構成するものであるからだ。文書館という〈装置〉を考察することは、自らの身体が内属する体系、およびそれらを取り巻く歴史環境や社会環境、さらには情報メディア環境への問いを含み込むものなのである（佐藤 2001：115–64）。

そこで本章では、とりわけ文書館が構成する歴史や社会のイメージを批判的に再検討することを課題とする。関連する文書（あるいは残存する文書）の集積としての文書館は、文書を巡る様々な歴史的・社会的諸条件に規定される一方、それ自体として、文書を読み書き流通させる者の、歴史や社会のイメージを拘束する作用を持つ。言い換えれば、「公文書館」や「古文書館」などの文書館に収蔵される複数の文書から出発して歴史や社会を捉え返そうとする身振りは、実際には、それらの文書館に散在する文書を自ら渉猟しつつ解読してゆくなかで、自らが構成する歴史や社会のイメージをそれらの文書そのものに「転移させる」身振りでもある（LaCapra 2000）。かくして文書館に蒐集される複数の文書は、それらの周囲に分散する「廃棄された」文書や「現に流通している」文書、さらには文書の織り成す世界そのものの〈限界＝余白（marges）〉とさえ協働しながら、歴史や社会についてのイメージを投影してゆくための〈表層（surface）〉の機能を果たすことになるだろう（Foucault [1969]2015）。

つまり本章が目指すのは、歴史社会学的な概念装置としての〈文書館（l'archive）〉を通して、制度的な知と権力の装置としての文書館を内的に観察することであり、そこにメタ物語や外的な観察者は介在しない。むしろ「古」文書や「公」文書、さらには各種の日常的な文書が織り成す〈表層としての文書館〉の次元から出発しながら、文書と身体との関係性の様態や、歴史や社会のイメージを捉え返す作業を進めることにしたい。狭義の文書館学（archivistique）から広義の〈文書館学（l'archéologie）〉への転回（Foucault [1969]2015）を要請するこうした作業は、〈概念装置としての文書館〉に依拠しつつ制度としての文書館の限界を露呈させるという意味で、一つの倒錯的な試みとなるだろう。

こうして本章では、次の二つの事柄が課題となる。一つは文書館に内在する権力の諸形態――〈王の権力／生権力／生き残らせる権力〉の変遷もしくは重層――を記述し分析することであり、もう一つは文書館に依拠してきた歴史記述や社会記述と、それらを支える知の諸様態を批判的に再検討することである。

2 〈文書の秩序〉と〈郵便的交通〉

様々な文書を読み書き流通させる言説的諸実践（les pratiques discursives）は、文書そのものの「偽造」や「複製」の問題を別にすれば、それらの文書そのものに対する信頼と、それらの文書を読み書き流通させることそれ自体を可能にするところの〈文書の秩序〉とも呼ぶべきものへの信頼を同伴している。しかもそうした〈文書の秩序〉への信頼は、一つひとつの文書を読み書き流通させるその場所で、それら一連の操作を根拠付けるものとして、何らかの権威（autorité）を仮構している。言い換えれば、あらゆる〈文書の秩序〉においては、文書を読み書き流通させる言説的諸実践が、その都度何らかの権威――「作者（auteur）」の権威など――に根拠付けられたものとして姿を現しているのである（Foucault［1971］2015）。「公文書」や「古文書」などの文書類が、それ自体として独特の権威――「公」文書や「古」文書としての権威――を賦与され、それ自体の効力や価値を保持することになるのも、実際には、それらの文書類が何らかの権威の〈化身〉として、文書（の原本）の存在を通してそうした権威そのものを体現しているからである（Lévi-Strauss［1962］2008: 820; Certeau 1975）。

公文書や古文書などの文書類は、文書そのものを読み書きする身体に対して歴史や社会についての知を与えてくれる。しかしそれらの集合態としての文書館は、関連する様々な文書との関係において、身体に歴史や社会についての知を与えるまさにそのなかで、その身体に対して権力を発動させるような装置でもある。つまり、文書館の権力とは、文書の収集・保存・公開に際して、常に既に作動し続けている（あるいは〈痕跡〉としての様態において残存し続けている）間身体的な力の総体を指している（Foucault［1971］2015）。あらゆる文書館を存続させるところの、関連する様々な文書を収集し保存し公開しようとする意志や振る舞いは、このような意味での〈知である権力（pouvoir-savoir）〉の発動を伴うものであり、それら一連の操作を通じて獲得される歴史や社会についての〈知〉もまた、そうした〈権力〉の発動から切り離すことができない。

こうした文書館のシステムに内在する〈知である権力〉は様々な仕方で擬制される。そうした擬制のうち、以下では〈王の権力／生権力／生き残らせる権力〉という三つの様態を取り上げることにしたい。これら三つの様態は、必ずしも時系列的に想定されるものではなく、むしろ逆に、文書館という〈装置〉のなかで、身体（のイメージや痕跡）を複合的かつ重層的に取り巻くものとして理解される必要がある（Foucault［1976］2015）。

しかし他方で、文書館のシステムは、それ自身のうちに、文書の差出人である書き手と文書の配達人である「文書館員（archiviste）」と文書の受取人である読み手とからなる、一種の〈郵便的交通〉とその権力ないしは効力とも呼ぶべきものを組み込んでいる（佐藤 2001：39）。そこで文書の配達人は、文書の差出人におけるイメージの現在を、文書の受取人におけるイメージの過去もしくは未来へと時間的に転移させる機能を果たす。つまり文書館のシステムは、文書の〈郵便的交通〉によるイメージの時間的な転移の作用を伴いつつ、関連する文書の集合そのものを、不断に自己増殖させてゆくのである。この意味での「郵便のエントロピー」（Kittler 1986）――〈郵便的交通〉の不可逆的な増大のプロセス――は、文書館のシステムの存続に不可欠の特徴である。文書の巨大な集積に裏打ちされた〈郵便的交通〉の不可逆的な展開は「検閲（censure）」の問題を出現させることにもなるだろう（Chartier［1990］2000）。

しかもこの〈郵便的交通〉は、文書の「誤配」や、文書そのものの「偽造」や「複製」と無縁ではない。関連する文書の集合が、差出人から配達人へ、そして配達人から受取人へと伝達されてゆく過程で、そうした文書の集合は、文書の「誤配」の可能性や、文書そのものの「偽造」や「複製」の可能性を伴いつつ、新たな文書の集合を不可逆的に増大させてゆく。さらにそこで読み書き流通される文書の集合は、それ自体のうちに、文書そのものの「出処＝由来（fond）」や「用途（usage）」の痕跡を残存させることがない。むしろそれらの「出処＝由来」や「用途」は、不可逆的に増大する〈郵便的交通〉の過程で、次第に消し去られ、忘れ去られてゆくからである。かくして自己増殖する文書館や、それらを形作る文書記録の集合の只中では、逆接的にも、文書記録と結び付いた「諸々の活動」の記憶は次第に「喪失」されてゆくのか、それとも繰り返し〈想起〉されてゆくのか、が新たな問題として姿を現すことになる。

3 「国王封印状」の濫発と王権の動揺

そこで最初に、制度としての文書館が登場する以前の〈文書の秩序〉と社会秩序との関係を問うための出発点として、十八世紀フランスにおける「国王封印状」の問題を考察することにしたい。

旧体制における王権の社会秩序は「家父長的な家族の秩序」として表象されることが少なくないが、そこでは、家族の秩序――もう一つの〈家族〉としての王権の秩序ということでもあるが――を壊乱させる私的行為、たとえば「専制的な家長」「不貞を働く妻」「夫婦間の不和」「放蕩息子」といった私的行為が引き起こす諸問題に対して、公的制裁の介入が正当化される。ここで問題にしたい「国王封印状（lettres de cachet）」とは、多くの場合には、家父長が家族の秩序を混乱させる者の「監禁（enfermement）」を国王に対して請願するための書状、あるいはそれと引き換えにして「国王の名の下に」発効される書状のことを指している（Farge et Foucault 1982）。

ところで、この「国王封印状」は奇妙な制度である。というのも、家父長的な権威に依拠するこの文書は、実際には、家父長的な権威そのものの危機を露呈させずにはいないからだ。〈家族の無秩序（le désordre des familles)〉とは、文書そのものの増殖を通して恒常化されるような危機の別名でもある。王権に依拠する文書がそれ自体として濫発されることは、それらの文書が依拠する王権（の表象）そのものを失効させてゆくからであり、王権の濫用とは、公共的な行為である文書の濫用（Foucault［1977b］2015）として姿を現すことになるからだ。国王による権力の過剰は、市民による文書の過剰へと置き換えられてゆくのである。

このように、家族の秩序を壊乱させる者の監禁を、国王に対して請願するための書状は、それ自体のうちに内的な不安定さとも呼ぶべきものを抱え込んでいる。「国王封印状」においては、文書そのものに対する信頼が家父長的な権威に対する信頼と支え合わなければならないのだが、文書そのものの過剰な増殖――（王権に由来する）文書そのものの権力への過剰な信頼とその過剰な利用――は、それらの文書を流通させているはずの権威と、それに支えられた王権の秩序への信頼をかえって揺り動かしてしまう。

「国王封印状」の抱え込むこうしたパラドクスは、〈文書の秩序〉そのものが抱え込む内的な不安定さからも理解することができる。つまり〈文書の秩序〉においては、文書に対する信頼が社会秩序に対する信頼と循環的な関係を形作るのだが、そこでは文書そのものに対する過剰な信頼が、それらの文書を流通させているはずの権威と、それに支えられた秩序への信頼をかえって動揺させることになるからである。旧体制における様々な種類の「哲学書（livres philosophiques）」の流布と王権（の表象）の転覆との関係について、それらの書物の内容よりも、むしろそれらの書物の形態がもたらす〈読書実践の構造転換（les transformations des pratiques de lecture）〉の意義が強調されることと同様に（Chartier［1990］2000: 133）、〈文書の秩序〉は、文書そのものの〈郵便的交通〉を通して、文書を読み書き流通させることを担保する権威（の存在）を確認するのだが、そのことは逆説的にも、文書の〈郵便的交通〉を不可逆的に増大させるなかで、それらの交通そのものを担保するはずの権威を自壊させる可能性をも招き寄せているのである。

4 「国民の文書館」の登場と〈文書の共和政〉

旧体制における政治的な権力は、様々な象徴（symboles）の働きに裏打ちされている。国王の主権性や各種の権威を指し示す象徴、その統治の合法性や各種の行政機関を指し示す象徴こそが、そうした権力を支えている。〈権力の表象（représentation）〉と〈表象の権力〉が重なり合うこの秩序（Marin 1981）の下では、権力を表象すること、各種の書記のシステムが出現すること、国家を構築することといった諸々の契機が、「国民の文書館」という制度の登場を正当化することになる（Hildesheimer 2002）。

旧体制においては、国王という政治的な主権を備えた人格の活動から派生する諸々の権力を正統化するための各種の記録文書を〈保存すること（conserver）〉が、国家の権威とその効力を増大させることと結び付いてゆく。そこで文書館は、公的または私的な各種の行政活動の表現として、統治のための強力な道具となる。というのも、それらは「口承的な記憶」の不確かさに「書き記され、登録され、その真正性を保証された痕跡」の確かさを対置することで（Certeau 1975）、国家や政治的なものの活動に何らかの首尾一貫性や合理性を賦与することを目指すからである。このように、文書館の政治学（la politique des archives）とは、権威と効力を備えつつ統治活動を行う統治者たちの意志を指し示すものとなる。

しかしながら、旧体制における王権の下では、大規模で中枢的な施設としての文書館は未だに登場していない。各地の教会や修道院などが所蔵してきた各種の財産目録や記録文書の類を、王国の機能に従属させるための試みも行われてはいるが（佐藤 2019: 53–119）、それらの文書そのものを通して、国家の構造を合理的に理解させるような大規模で中枢的な施設としての〈公共の文書館（les archives publiques）〉（Duclert 2002: 641）は未だに存在していない。そのためには、読み書き流通される文書が次第に増大してくることに伴い、それらの文書を

〈蒐集し（collectionner）公開する（exposer）〉ための操作――それは実際には、王権を支える様々な象徴の働きを失効させてゆく操作でもあるのだが――が不可欠となる。

これに対して、革命期になると、国内に散在する各種の記録文書を蒐集し公開するための施設として、共和暦Ⅱ年収穫月七日（一七九四年六月二十五日）に「国民の文書館（les Archives nationales）」が創設される。この施設を形作る記録文書は、相互に緊張関係にあるところの二重の要請に支えられている。

第一には、中世から旧体制にかけて、各地の教会や修道院、貴族の邸宅、あるいは病院や監獄などに所蔵されてきた各種の財産目録や記録文書の類に加えて、それらは「フランス国民の立憲的行為（l'acte constitutionnel des Français）」を、具体的には「王国の基本法、公的諸権利、法令および各県への通達に関する全ての文書」を蒐集し保管しなければならない。この場合に〈公共の文書館〉とは、革命の政治活動に関する〈現在の公文書〉のことであり、中世から旧体制にかけて残存してきた〈記録史料としての古文書〉ではない点に注意しなければならない（Duclert 2002; Pomian [1992]1997）。

第二には、公共の要求に応えるために、この施設（あるいはそれらの記録文書）は公開されなければならない。「国家（l'État）の近代化」を実現するためには「社会（la société）があらゆる公共の機関に対してその行政活動についての説明を求める権利を持つ」ことが必要なのである（Duclert 2002: 641）。この場合にも〈文書館の公開〉とは、〈記録史料としての古文書〉の研究を想定したものではなく、むしろ〈現在の公文書〉に接近するなかで〈革命の政治の現在〉を理解するためのものである点に注意しなければならない（Starobinski 2006; Poulot 1997）。

このように、〈文書の共和政（une politique républicaine des archives）〉とも呼ぶべきものを特徴付けているのは「行政活動の諸々の痕跡を保存すること」と「公共の文書の集合（la documentation publique）に対する接近を保証すること」という二重の要請であるのだが（Duclert 2002）、ここで重要なのは、そうした秩序の下で、読み書き流通される様々な文書を〈蒐集し公開する〉文書館の機能が、実際には、国王の権威を指し示す様々な象徴を〈保存する〉機能を失効させつつあることである（Starobinski 2006: 88-96）。言い換えれば、「国家の構造を合理的に理解させる」という意味での〈公共の文書館〉の機能は、国王の権威を指し示す象徴を〈保存する〉なかで「統治活動そのものを表現する」点に求められるのではなく、むしろ〈文書の秩序〉と〈郵便的交通〉のなかで次第に増大してくる文書を〈蒐集し公開する〉過程で、文書そのもののさらなる不可逆的な増大を促進する点に求められる。つまり〈文書の共和政〉においては、文書を〈保存すること〉とそれらを〈蒐集し公開すること〉との間の緊張関係こそが、文書館のシステムを構造化してゆくことになるのである。

かくして「国王の文書館」は「国民の文書館」へと移行する。〈旧体制から大革命へ〉の移行の連続性についてのトクヴィル（Alexis de Tocqueville 1805-1859）の考察は、このことを裏打ちしている。トクヴィルにおいて〈旧体制から大革命へ〉の移行は連続的なものとして把握されている。彼は、各地の文書館に収蔵された「全国三部会で起草された陳情書（les cahiers de doléances）」などの「公文書（les actes publiques）」や「記録文書（les archives）」を渉猟するなかで、そうした移行を〈民主主義的な社会革命（la révolution démocratique）〉の展開として捉え返しているのだが（Tocqueville [1856] 2004: 44-6）、その場合に〈公共の文書館〉こそは、まさしくそうした移行そのものを体現する装置となっている。言い換えれば、そこでは、文書館のシステムに体現される、文書の〈郵便的交通〉とその不可逆的な増大のプロセスこそが、〈旧体制から大革命へ〉の移行——国王の権威に支えられた秩序から国民の権威に支えられた秩序への移行——を連続的なものとして把握させているのである。

5 〈虚構の身体〉と文書館の警察的機能

「国王の文書館」から「国民の文書館」への移行は、実際には〈公共の文書館〉そのものに内在する運動である。というのも、それらは王権を象徴する様々な事物や文書の宝物庫（trésor des chartes）であり、家父長的な権威と行政活動の表現でもあるのだが、そうした宝物庫そのものの二重の機能である様々な事物や文書を〈保存すること〉とそれらを〈蒐集し公開すること〉とは、相互に緊張した関係にあるからだ。一方で、王権の権威と活動を「合理的に理解させる」ためには、それらを指し示す事物や文書を〈保存すること〉が求められるのだが、他方で、不断に増殖してゆく事物や文書を次々に〈蒐集し公開すること〉は、実際には、それらの象徴的な作用そのものを失効させてゆくことになるからである。

つまり「国王の文書館」に収蔵される様々な事物や文書が最終的に指し示しているのは、国王の権威に他ならないのだが、それを象徴するための事物や文書が不断に増殖し、しかもそれらが次々に蒐集され公開されてゆくこと――〈公共の文書館〉のなかに〈郵便的交通〉のネットワークが組み込まれてゆくこと――は、そうした権威そのものをかえって蒸発させるのである。しかも〈公共の文書館〉のそうした動きは、身体そのものを虚構化する動きでもある。王権を象徴する事物や文書が保存され、新たな事物や文書が次々に蒐集され公開されてゆくそうした場においては、もはや「国王の身体」そのものは不在であっても構わない。そこには国王の身体（の痕跡）を指し示す事物や文書が残存していればよいからである。

このように、〈公共の文書館〉における象徴物の〈保存すること〉の機能が、自己増殖する文書の〈蒐集し公開すること〉の機能へと次第に置き換えられてゆくなかで、それらの象徴物や文書が指し示すところの「国王の身体」もまた、次第に虚構化してゆくことになるのである（Marin 1981）。

主権者の身体が虚構化するなかで、主権の台座そのものも転位する。国王の権威や統治活動を象徴する新たな事物や文書が次々に蒐集され公開されてゆく〈公共の文書館〉においては、「国王の主権」を指し示すために保存されてきたはずの事物や文書が、その場における蒐集と公開の操作（opération）を通してそれらの「出処＝由来」や「用途」を次第に消し去られ忘れ去られてゆくなかで、それらの事物や文書を蒐集し公開しているはずの権威そのものを次第に痕跡化させつつ無効化させてゆく（Certeau 1975）。むしろそこでは、それらの事物や文書を不断に増殖させ、しかもそれらを〈公共の文書館〉という場で〈保存しつつ〉も〈蒐集し公開する〉者となる「国民（nation）」が、新たな主権の台座として——文書館という知と権力のシステムを構造化するための新たな主体＝客体として——姿を現してくるのである。

こうして、文書館の政治学は〈身体（corps）の政治学〉とも呼ぶべきものへと直結してゆく。その中心には〈国王の身体／個人の身体／生き残るものの身体〉が位置する。それぞれの身体は、それらを巡って数多くの文書が蒐集され公開される虚構の参照点——〈虚構の身体〉——となることで、権力諸関係の台座として、権力作用の発動点として機能する（Foucault［1977a］2001；二宮［1986］1995）。

様々な関連文書の織り成す秩序、つまりは〈文書の秩序〉とも呼ぶべきものの中心に位置しているのが、これらの〈虚構の身体〉である。それぞれの身体は、その周囲に数多くの文書が書き記されるような客体として、またそれ自体が、その周囲に数多くの文書を書き記すような主体として、そうした秩序のなかで最も本質的な要素となるだろう。

「身体刑から監獄へ」の移行のなかで「受刑者の身体（le corps des condamnés）」の位置が次第に変化してきたことも、そうした〈文書の秩序〉と無関係ではない（Foucault［1975］2015）。むしろ「身体刑の廃止」とは、実際には身体に対する直接的な書き込みの廃止に他ならない。教会の門前や広場などの〈公共の場〉で行われてきた身体刑が、受刑者に罪の告白をさせつつ、その同じ場で、身体そのものの周囲に様々な書き込み——身体の上に刻み込まれる様々な刻印、聴罪司祭による懺悔の聴き取りや、市役所の記録係による最期の言葉の記録、さらには民衆たちから投げ掛けられる非難の言葉など――を繰り広げることにより処罰を与えるものであるならば、そうした刑罰の廃止とは、むしろ受刑者自身による罪の告白や身体そのものの周囲で行われる様々な書き込みのシステムの廃止をこそ意味することになるはずである。

それでは、新たな書き込みは何に対して行われるのか。それは受刑者の身体を取り巻く様々の〈微細で綿密な文書記録（toute une archive ténue et minutieuse）〉（Foucault［1975］2015: 468）に対してである。身体を取り巻く〈微細で綿密な文書記録〉こそが、身体そのものに代わり、いまや記録の媒体としての役目を果たすことになる。その意味で「身体刑から監獄へ」の移行はまさしく示唆的である。この移行が生み出してきた〈監獄（la prison）〉ないしは〈行刑的なもの（le pénitentiaire）〉とは、実際には「身体不関与の」書き込みのシステムが出現してきたことを意味するからである。そこで〈微細で綿密な文書記録〉の相関物となるのは、身体がそれに結び付けられるところの「違法行為」ではなく、むしろ身体そのものを二重化させるなかで新たに獲得される〈非行者（délinquant(e)）〉という名の虚構の身体であるからだ。〈監獄〉や〈行刑的なもの〉の下で展開される「身体不関与の」記録のシステムは、そうした〈非行者〉の周囲で膨大な記録を蓄積し保存し活用してゆくための仕掛けとなる（Foucault［1975］2015: 579）。

かくして〈虚構の身体〉についての様々な記録を蓄積する〈装置としての文書館〉と、それらの警察的機能とも呼ぶべきものが浮かび上がる。

そうした文書館の警察的機能を最もよく例証しているのが、十九世紀前半のパリにおける「娼婦たちの登録手続き（l'enregistrement des prostituées）」の問題であろう。「警察（la police）の注意を引き付けるような全ての人々の個体性を認識する」ためのこの手続きに際しては、一人ひとりの娼婦について、本人への詳細な取り調べ、あるいは「風紀取締局（Bureau des Mœurs）」や「司法情報局（Bureau des Renseignements judiciaires）」や「公衆衛生局（Bureau sanitaire）」に蓄積された各種の記録を参照しながらの複合的な登録手続きが行われるなかで、彼女たちの〈真実を統御すること（contrôler la vérité）〉が目指される。彼女たちの「偽名」、出生や家族構成、生活の現状などについての「虚偽の」告白、さらには彼女たちが「娼婦であることのヴェイルの下に自らを覆い隠している（se cacher sous le voile de la prostitution）」ところの〈真実〉へと辿り着くことの困難さは、彼女たちの「個体性（individualité）」を登録しようとする試みが、かえって逆に、そうした試みそのものの困難さを露呈させるような場を形作っている。そこで娼婦たちの身体は、彼女たち自身がしばしばそうすることを非難され告発されてきたのと同様に、それらを把握しようとする視線そのものを通して、その都度覆い隠されつつ二重化されることになるだろう（Parent-Duchâtelet［1836］1981: 175-80）。

要するに、娼婦についての〈微細で綿密な記録文書〉の増大は、娼婦たちの「個体性」を確定させ、彼女たちについての〈真実を統御すること〉に貢献するどころか、かえって逆に、そうした「個体性」や〈真実〉をより一層不確かなものにさせ、娼婦たちの身体をますます虚構化するばかりでなく、彼女たちについての様々なイメージを増殖させることに貢献するわけである（Parent-Duchâtelet［1836］1981; Corbin［1978］1982）。

さらに娼婦たちが〈定住する身体〉ではなく〈不断に移動する身体〉であることは、そうした不確実性をより一層増大させる。彼女たちに対する「住民登録ないしは戸籍」の視線が〈現住所主義〉ではなく〈出生地主義〉であること——「出生証明書（l'acte de naissance）」に対して本人であることの証拠としての高い価値が与えられていること（Parent-Duchâtelet［1836］1981: 175, 178）——もまた、彼女たちの「個体性」や〈真実〉がそれ自体としては不安定なものであり、かつ不確かなものであることを逆説的な仕方で指し示している。娼婦たちの「出生」についての文書がこの上なく重視されている事態は、むしろ娼婦たちの身体が、彼女たち自身の周囲で読み書き流通される様々な文書や増殖するイメージのなかで、「出処＝由来」を次々に消し去り、忘れ去る身体でもあることを告げているのである。

繰り返せば、身体を取り巻くこうした〈微細で綿密な文書館〉は、身体の「個体性」を把握しようとする点で、まさしく警察的機能を発揮するものである。それらは身体そのものによる告白の周囲に「詳細な」観察と記録を積み重ねてゆくなかで、身体の備える様々な属性を〈観察と記録のシステム〉のなかに置き換えることになるだろう。その意味で「身体刑から監獄へ」の移行とは〈書き込みのシステム〉(Kittler 1985)の移行でもある。身体の表象機能を想定した、身体そのものへの直接的な書き込みから、それらを巡る観察と記録を通した書き込みへの移行である。そうした観察と記録を通した書き込みの集成として、十九世紀末のフランスに〈非行者〉の〈非行性(délinquance)〉を巡りベルティヨン(Alphonse Bertillon 1853-1914)の開発した「司法的な人体測定術(anthropométrie judiciaire)」と〈司法的な同一性〉を確定させるための「司法写真を含む記録カード(la fiche anthropométrique)」のシステムが登場してくることは、それ自体が新たな〈人間諸科学(les sciences humaines)〉の構築へと繋がることになるだろう(Foucault [1977a] 2001; 多木 [1982] 2008: 221-56; 佐藤 1987: 141)。

これらのシステムのなかでは、書き込みの対象とその次元が転位する。身体を巡る観察と記録は、もはや身体の上に書き込まれるのではなく、むしろそれらを巡る資料の上に——〈資料体(corpus)〉という〈もう一つの身体〉の上に——書き込まれることになるからである(Foucault [1964] 2001)。しかもそれは、かつての人文主義的な文献学が想定してきた文献の秘儀性や解釈学をも転位する。文献の秘儀性は〈資料体〉の公開性へと、文献の解釈学は〈資料体〉の分析学へと移行するからである。いわゆる「古文書学(paléographie)」や「公文書学(diplomatique)」が成立し発展してくるのも、さらには「古文書館」や「公文書館」という制度が登場し展開してくるのも、それらが〈資料体〉という〈もう一つの身体〉の周囲に〈書き込みのシステム〉を張り巡らせてきたことの多重的な効果としてなのである。

6　文書館とその限界領域

身体を取り巻く〈微細で綿密な文書館〉は、身体そのものの周囲に様々な観察と記録を積み重ねてゆくなかで、それらの対象となる身体の「個体性」や〈真実〉に接近するどころか、かえって逆に、不断に積み重ねられる観察と記録の只中で、身体そのものの物質性、あるいはそれらの「出処＝由来」を消し去り忘れ去ってゆく。それと引き換えに姿を現してくるのは、それらの身体を巡る〈社会的な想像界（l'imaginaire social）〉とも呼ぶべきものの領域であり、そこでは、身体そのものの存在が次第に消し去られつつ忘れ去られてゆくなかで、それらの身体についてのイメージが、独特の構造の下に組み立てられることになるだろう（Corbin［1978］1982）。

しかしながら、身体そのものの物質性が完全に喪失されてゆくような場所で、それらを巡る諸々の「痕跡」や「記憶」にのみ依拠しつつ、身体についてのイメージを組み立ててゆくことは果たして可能であろうか。こうした問題との関連で、「汚辱に塗れた人々の生活（la vie des hommes infâmes）」（Foucault［1977b］2015）は、文書館という装置の一つの限界領域とも呼ぶべきものを指し示している。

そこで問題となるのは「あたかも存在しなかったかのようないくつもの生であり、それらを無化しようと、あるいは少なくとも消し去ろうとしかしなかった権力とのあいだの、束の間の衝突を通過するなかでのみ、かろうじて生き残ってきたいくつもの生であり、さらには、様々な偶然の結果を通してのみ、私たちのもとに回帰してくるようないくつもの生」（Foucault［1977b］2015：1311-2）である。これらの生活について「いくらかの残りのもの（quelques restes）」を寄せ集めるなかで姿を現してくるのが〈汚辱に塗れた人々（les infamies）〉である。ここで注意しなければならないのは、「厳密な意味での〈汚辱〉（l'infamie stricte）」が、あらゆる「名誉ないしは名声（fama）」の領域――それが肯定的なものであれ否定的なものであれ――からは厳密に区別された領域にこそ存在するものであることだ。従って「名誉ないしは名声」の単なる反対物であるところの「不名誉ないしは汚名」もまた、そうした「厳密な意味での〈汚辱〉」ではないことになる。

それらの〈汚辱に塗れた人々〉――〈公共の文書館〉が書き込むはずのあらゆる事柄からは排除され、一般の人々の記憶からも消え去り、忘れ去られてきた者たち――の存在を浮かび上がらせているのは、ただ〈残存する言葉たち（ces mots qui subsistent）〉のみである。とはいえ、それらの〈残存する言葉たち〉が、人々がそれらの存在そのものを排除し、あるいは放擲してきたのとまさしく同じ仕方で、現実的なものの只中に回帰してくることもあるだろう（Foucault [1977b]2015; Farge 1992）。

ところで、こうした限界領域における文書館とは、もはや記憶の廃墟とも呼ぶべきものになる。そこに収集され保存され公開されている様々な記録は、幾多の戦争や破壊、あるいは数々の災難を経て、たまたま残存してきた記録に過ぎず、それらの記録が結び付いてきたはずの身体そのものの存在やそれらを巡る記憶は、常に既に喪失されたものであるからだ。その意味で文書館とは、それ自体の災厄、つまりは〈文書館の災厄（mal d'archive）〉を通過するなかで姿を現してくるような記憶の残骸であり、たまたま残存してきた記録からなる〈廃墟〉である、とさえ言えるだろう（Derrida 1995）。

しかしながら、こうした〈記憶の残骸たち（vestiges）〉からなる文書館は、必ずしも否定的な意味においてのみ理解されるべきではないだろう。〈廃墟〉という表象＝装置がしばしば新たな意味を創り出す場として機能してきたのと同様に（Starobinski 2006: 156–68）、〈残存する言葉たち〉からなる文書館の装置もまた、新たな〈記憶の想起〉を可能にする場として機能することがあるからだ。たしかにそこでは、様々な記憶が結び付けられてきたはずの身体そのものは、常に既に消し去られ、忘れ去られているかもしれないが、そうした身体の存在を指し示す諸々の〈痕跡〉や〈残存する言葉たち〉を通して、身体についてのイメージが生き残っているからである。このようにして、数々の出来事が積み重ねられてゆくなかで次第に消し去られ、忘れ去られてゆく身体の存在は、〈生き残るイメージ（l'image survivante）〉という仕方で現実の只中に回帰してくることがあるのである（Didi-

Huberman 2002)。

こうした意味での〈文書館の災厄〉と〈生き残るイメージ〉との関係を最もよく例証しているのが、証言（témoignage）の構造を巡る問題であろう。

かつてナチス・ドイツがヨーロッパ各地に構築しつつも最終的には解体し尽くそうとしたところの絶滅収容所や強制収容所からの奇跡的な「生還者たち」によるいくつかの証言が、それを聴き取る者たちに「死者たち」の記憶までをも喚起するのはなぜだろうか。それらの「生還者たち」は、絶滅収容所や強制収容所での諸々の出来事を通過した後に、かろうじて〈生き残っている者たち〉である。それらの〈生き残っている者たち〉の証言が呼び起こすことになるのは、〈あらゆる記憶（の痕跡）を消し去られ、完全な忘却のなかに埋め込まれた人々（les《gens obscurs》）〉についての記憶である。しかしなぜ〈生き残っている者たち〉の証言において、そのようなことが可能になるのだろうか。それは、それらの「生還者たち」が、まさしく自らの言表行為（énonciation）＝証言行為それ自体を通して——自らが〈証人（témoin）〉となることを通して——〈生き残っている者たち〉へと変貌するからである。それらの「生還者たち」が〈生き残っている者たち〉となるのは、それらの「生還者たち」による証言そのものを通して「死者たち」の〈生き残っているイメージ〉が回帰してくるからである。かくしてそれらの「生還者たち」＝〈生き残っている者たち〉による言表行為＝証言行為の只中に、「死者たち」の〈生き残っているイメージ〉が、つまりは「死者たち」についての記憶が、重層しつつ姿を現すことになる（Agamben［1998］2003）。

それらの〈生き残っている者たち〉は、自らの証言そのものを通して〈集蔵体（l'archive）〉の機能を体現している（Foucault［1969］2015）。ここで〈集蔵体〉とは、「意味を備えたあらゆる言説のなかに、それらの言表機能として刻み込まれるような非＝意味論的なものの集塊（la masse du non-sémantique）」であり、「あらゆる具体的な発話を取り巻きつつもそれらを限界付けるような薄暗い余白（la marge obscure）」である。「既に語られた事柄をしか知ろうとしない伝統の強迫的な記憶と、未だ語られない事柄にしか身を委ねようとしない忘却の極端なまでの無遠慮との間において、〈集蔵体〉は、まさしく言表されたが故に、あらゆる言葉のうちに刻み込まれているところの〈語られていないもの〉であり、あるいは〈語り得るもの〉である。それはまた、「私は……」という発話行為のなかでその都度忘却されてゆくような記憶の断片（le fragment de mémoire）でもある」（Agamben［1998］2003: 156）。つまりそれらの〈生き残っている者たち〉は、一つの〈脱＝主体化（désubjectivation）〉とも呼び得る自らの発話行為において、そうした「非＝意味論的なものの集塊」や「薄暗い余白」を伴いつつ、自らの言葉を〈証言〉へと変貌させてゆくのであり、しばしば「私は……」という発話行為を遂行しつつも、むしろその発話行為からはその都度忘却されてゆくような「記憶の断片」を撒き散らしてゆくのである。

ところがさらに、そうした〈生き残っている者たち〉による証言さえも存在しないような、文書館の（真の）限界領域（marges）というものがある。自らについての言葉をいかなる仕方でも残していない人々について考察することは果たして可能であろうか。そこで最後に、こうした〈消え去っている人々からなる群集（le grouillement des disparus）〉（Corbin［1998］2008: 8）とも呼び得るものの属する領域について考察しておきたい。

戸籍の原本に登録されている一つの固有名と生没年の記載（les actes d'état civil）を除けば、自らについてのあらゆる一切の記録を残していないような人々の生活を描き出すこと。その場合に問題になるのは、「自らの同類たちに何かを書き残したことも一度としてなく、何か重要な事件に巻き込まれたことも一度もなく、かろうじて破棄されることのなかった司法書類にも一度として姿を現したことがなく、当局からの特別な監視の対象となったことも一度もなく、さらにその話し方や振る舞い方を観察した民族学者も一人として存在しない」ような人々の生活を描き出す試みである（Corbin［1998］2008: 7）。しかもそれは「例外的な運命を生きた個人の生活」を描き出す試みからは区別される。というのも、たとえそれが「排除された者たちの言葉」――書簡や回想録、あるいは日記など――の場合でも、そこで問題になるのは「例外的な運命を生きた個人」であり、そうした言葉は多かれ少なかれ「自らが描き出す場から抜け出す」ために紡ぎ出されたものであるからだ（Corbin［1998］2008）。

それに対して、「例外的な運命を生きた個人」の領域には属していない〈不活発な状態のうちに放置されてきた人々の日常生活（l'atonie d'une existence ordinaire）〉――制度的な知と権力の〈零度〉に放置されてきた人々の日常生活――を描き出してみること。それは「時間に呑み込まれてしまった人々」や「消え去ってしまった人々」について書き記すことであり、それらの人々について「何かを証言すること」とは異なる。たとえそれが「時間的には近い」距離にあっても「もはや何の痕跡も残すことなく消え去っている人々」が存在している。こうした考察が目指すのは、それらの存在がもたらす「時間的な近さと消失していることとの間の、心を揺り動かすような遊戯」を通して、「ごく最近になって世界からその姿を完全に消し去った人々を、その周囲の人々とともに救い出すこと」である（Corbin［1998］2008: 8-9）。

制度としての文書館に依拠するあらゆる歴史叙述や社会叙述は、〈知である権力〉の現在に即して秩序化されつつも〈知である権力〉の変容とともに多数多様化してゆくなかで、自分自身を〈脱中心化〉する（Foucault［1969］2015）。かくして制度としての文書館を内破する〈装置としての文書館〉においては、私たちの世界の内部の〈異世界〉を、私たちの自我の深部の〈他者〉を解き放つこと（真木［1977］2003: 230）が問題となる。

【付記】

本章では、近現代社会の文書館（les archives; les Archives）における〈知と権力の様態〉を自明視し透明化してきた従来の「文書館学」（archivistique）の陥穽に、〈概念装置としての文書館（l'archive）〉を問題提起的に対置するなかで、〈啓蒙の装置〉や〈記憶の装置〉としての文書館を〈制度的な知と権力の装置〉として批判的に捉え返してゆくことをその初発の問題意識とした。

西欧近代社会における《ルネサンス時代》に活躍したペトラルカやエラスムス以来の「人文主義的な文献学」の伝統に始まり、十七世紀後半から十八世紀前半にかけての《古典主義時代》にパリのサン・ジェルマン・デ・プレ修道院（Saint-Germain-des-Prés）を主要な活動の舞台としたジャン・マビヨン（Jean Mabillon 1632-1707）らの『文書の形式について（De re diplomatica）』（一六八一年）における「文書形式学」の体系化の作業と「国王証書」や「国王文書」の渉猟に係る集団的な事業、十八世紀後半における「啓蒙主義的な歴史学」の台頭に伴う「考証学的な歴史学の挫折（la défaite de l'érudition）」（佐藤 2019: 173-98）——モンテスキューの『法の精神』（一七四八年）やルソーの『人間不平等起源論』（一七五五年）やヴォルテールの『諸国民の習俗と精神についての試論』（一七五六年）などにみられる〈プロト歴史人類学〉や〈プロト歴史社会学〉の誕生（Koselleck [1959]1973: 105-57）——、さらには十九世紀の《近代性・現代性の時代》におけるミシュレやランケ、トクヴィルやブルクハルトらの歴史家たちや、ヘーゲルやマルクス、ニーチェやクローチェらの歴史哲学者たちによる「歴史学的な想像力（historical imagination）」の展開（White [1973]2014）を経由しつつ、二十世紀における〈アナール学派〉以後の社会史的＝歴史社会学的な課題でもある「文書館」の地位の批判的再検討（Chartier [1998]2009）に至るまで、筆者が「フーコーの〈文書館〉」（葛山 2002）や〈文書館の政治学〉という標題で一貫して主題化しようと試みてきたのは、——逆接的ではあるが——〈歴史や社会を書き記すことの政治学［＝歴史や社会を叙述する力］〉に対することに加えて、佐藤健二の『読書空間の近代——方法としての柳田国男』（弘文堂、一九八七年）や『歴史社会学の作法——戦後社会科学批判』（岩波書店、二〇〇一年）が既に先駆的な仕方で指し示してきた意味での〈歴史や社会を読み解くことの政治学［＝歴史や社会を創造的な仕方で批判し解読する力]〉に対しても切り開かれた〈来るべき〉歴史社会学的な記述分析の可能性に他ならない。

【文献】

Agamben, Giorgio, [1998]2003, *Ce qui reste d'Auschwitz: L'archive et le témoin*, Paris: Éditions Payot & Rivages [Rivages poches / Petit Bibliothèque].

Certeau, Michel de, 1975, *L'écriture de l'histoire*, Paris: Éditions Gallimard [Bibliothèque des histoires].

Chartier, Roger, [1990]2000, *Les origines culturelles de la Révolution française*, Paris: Éditions du Seuil [Points].

———, [1998]2009, *Au bord de la falaise: L'histoire entre certitudes et inquétude*, Paris: Albin Michel [Bibliothèque de L'Evolution de l'Humanité].

Corbin, Alain, [1978]1982, *Les filles de noce: Misère sexuelle et prostitution (19e et 20e siècles)*, Paris: Flammarion [Champs].

———, [1998]2008, *Le monde retrouvé de Louis-François Pinagot: sur les traces d'un inconnu (1798-1876)*, Paris: Flammarion [Champs].

Derrida, Jacques, 1995, *Mal d'archive*, Paris: Édition Galilée.

Didi-Huberman, Georges, 2002, *L'image survivante: Histoire de l'art et temps des fantômes selon Aby Warburg*, Paris: Les Éditions de Minuit.

Duclert, Vincent, 2002,《Les Archives nationales》, Vincent Duclert et Christophe Prochasson (sous la direction de) *Le Dictionnaire critique de la République*, Paris: Flammarion.

Farge, Arlette, 1992, 《Michel Foucault et les archives de l'exclusion》, *Penser la folie: Essai sur Michel Foucault*, Paris: Édition Galilée.

Farge, Arlette et Michel Foucault (présenté par), 1982, *Le désordre des familles: Lettres de cachet des Archives de la Bastille*, Paris: Edition Gallimard [Juillard].

Favier, Jean, [1958]2001, *Les archives*, Paris: PUF [Collection Que sais-Je?].

Foucault, Michel, [1964]2001, 《Le Mallarmé de J.-P.Richard》, *Dits et écrits I (1954-1975)*, Paris: Éditions Gallimard [Quarto].

———, 1969, *L'archéologie du savoir*, dans, 2015, *Œuvres II*, Paris: Éditions Gallimard [Bibliothèque de la Pléiade].

———, 1971, *L'ordre du discours*, dans, 2015, *Œuvres II*, Paris: Éditions Gallimard [Bibliothèque de la Pléiade].

———, 1975, *Surveiller et punir: naissance de la prison*, dans, 2015, *Œuvres II*, Paris: Éditions Gallimard [Bibliothèque de la Pléiade].

———, 1976, *Histoire de la sexualité I La volonté de savoir*, dans, 2015, *Œuvres II*, Paris: Éditions Gallimard [Bibliothèque de la Pléiade].

———, [1977a]2001, 《Les rapports de pouvoir passent à l'intérieur des corps》, *Dits et écrits II (1976-1988)*, Paris: Éditions Gallimard [Quarto].

———, [1977b]2015, 《La vie des hommes infâmes》, *Œuvres II*, Paris: Éditions Gallimard [Bibliothèque de la Pléiade].

Hildesheimer, François, 2002, 《archives》, Pascal Fouché (Direction générale) *Dictionnaire encyclopedique de*

Livre I, Éditions du Cercle de la Librairie.
葛山泰央、二〇〇三、「フーコーの〈文書館〉」『出版ニュース』二〇〇三年三月号・通巻一九三〇号、出版ニュース社。
Kittler, Friedrich, 1985, *Aufschreibesysteme 1800・1900*, München: Wilhelm Fink Verlag.
———, 1986, *Grammophon, Film, Typewriter*, Berlin: Brinkmann & Bose.
Koselleck, Reinhart, [1959]1973, *Kritik und Krise: Eine Studie zur Pathogenese der bürgerlichen Welt*, Freiburg / München: Verlag Karl Alber GmbH [Suhrkamp Taschenbuch].
LaCapra, Dominick, 2000, *History and Reading: Tocqueville, Foucault, French Studies*, Tronto: University of Tronto Press.
Lévi-Strauss, Claude, 1962, *La pensée sauvage*, (2008) *Œuvres*, Paris: Éditions Gallimard [Bibliothèque de la Pléiade].
真木悠介、[一九七七] 二〇〇三、『気流の鳴る音——交響するコミューン』ちくま学芸文庫。
Marin, Louis, 1981, *Le portrait du roi*, Paris: Les Éditions de Minuit.
二宮宏之、[一九八六] 一九九五、『全体を見る眼と歴史家たち』平凡社ライブラリー。
Parent-Duchâtelet, Alexandre, [1836]1981, *La prostitution à Paris au XIXe siècle* (Texte présenté et annoté par Alain Corbin), Paris: Éditions du Seuil [Points].
Pomian, Krzysztof, [1992]1997, 《Les archives: Du Trésor des chartes au Caran》, Pierre Nora (sous la direction de) *Les Lieux de mémoire*, Paris: Éditions Gallimard [Quarto].
Poulot, Dominique, 1997, *Musée Nation Patrimoine: 1789-1815*, Paris: Éditions Gallimard [Bibliothèque des histoires].
佐藤健二、一九八七、『読書空間の近代——方法としての柳田国男』弘文堂。

――、二〇〇一、『歴史社会学の作法――戦後社会科学批判』岩波書店。

佐藤彰一、二〇一九、『歴史探究のヨーロッパ――修道制を駆逐する啓蒙主義』中公新書。

Starobinski, Jean, 2006, *L'invention de la liberté* (1964) suivi de *Les emblèmes de la raison* (1973), édition revue et corrigée, Paris: Éditions Gallimard [Bibliothèque illustrée des histoires].

多木浩二、[一九八二] 二〇〇八、『眼の隠喩――視線の現象学』ちくま学芸文庫。

Tocqueville, Alexis de, 1856, *L'Ancien Régime et la Révolution*, dans, 2004, *Œuvres III*, Paris: Éditions Gallimard [Bibliothèque de la Pléiade].

White, Hayden, [1973]2014, *Metahistory: The Historical Imagination in 19th-Century Europe*, Baltimore: Johns Hopkins University Press.

第2章　トラウマの言説史
――近代日本は「心の傷」をいかに理解してきたか

佐藤雅浩

1　はじめに

一九九〇年代の半ばから、日本では「トラウマ」や「心的外傷」という言葉、あるいはこれらの概念を援用した物語の様式が、ある種の流行のように消費された時期があった。とくに一九九五年の阪神・淡路大震災や、同年に起きた地下鉄サリン事件の前後から、被災者や被害者の「心の傷」をあらわす言葉として、これらの概念が普及したといわれる。また同時に、ＰＴＳＤ（Post Traumatic Stress Disorder：心的外傷後ストレス障害）[1]という、当時は聞きなれない言葉であった精神医学の術語も、急速に人口に膾炙していった。さらに、同時期から日本でも社会問題化し始めていた、児童虐待や性犯罪などの問題がマスメディアで報じられるなかでも、これらの概念は被害者の精神的な受傷をあらわす言葉として、一般に広く知られるようになった（Sato 2018）。

二〇〇〇年前後から、このような現象は、精神医学的な語彙の急速な普及を批評する論者らによって、検討の対象となってきた（斎藤 2003；林 2010）。これらの批評は、おもに二十世紀後半以降の現象を扱ったものだったが、学術研究として、近代を生きた人々の「トラウマ」に関する、より長期的な検証も行われるようになった。

なかでも日本を対象とした研究としては、過去数十年のあいだに、旧日本軍に従軍した兵士たちに見られた精神医学的な症状をめぐって、当時の診療記録などを用いた歴史研究が進展した（浅井 1993; 清水編 2006; 中村 2018）。こうした研究は、それまで闇に葬られてきた旧日本軍兵士の精神面への影響に光を当てたという点で、歴史社会学、あるいは医療社会学的にも意義深いものであったといえる。しかし同時に、こうした研究では、「戦地」という特殊な状況下におけるトラウマの歴史が焦点化される一方で、彼らの経験を「銃後」の人々はどのように認識していたのか（あるいはしていなかったのか）については、十分に考察が及んでいないように思われる。また、「戦地」以外の場所における人々の精神的な受傷がどのように言説化され、また理解されていたのかという問題についても、日本を対象とした研究のなかでは、これまで十分に考察が及んでいない。すなわち、「兵士」や「戦場」という限定された対象や空間を離れた、より広い時空間において、近代日本のトラウマはどのように理解・把握されてきたのかという課題について、より一層の研究の蓄積が求められている。こうした課題に対して、筆者はかつて、第二次世界大戦以前の鉄道労働の現場を中心として注目された「外傷性神経症」という概念を手がかりに、平時の日本社会におけるトラウマをめぐる言説史の一端を明らかにしようと試みたことがある（佐藤 2009）。またその後、より広い視点をもった同様の研究も蓄積されつつある（菊池 2013; 高原 2015）。しかし、前記の拙稿も含めた先行研究は、主として医学者や医療従事者むけのテクスト（医学論文や診療記録等）を史料として分析したものであり、一般の人々が接することができたメディアにおいて、近代日本の「トラウマ」がどのように語られていたのかについては、いまだ十分に解明されていない。

そこで本稿では、以上のような「トラウマ」の歴史に関する国内外の研究動向をふまえ、近代日本を生きた人々の精神的な受傷経験がどのようにマスメディア上で言説化され、同時代の社会で共有されていったのかについて検討する。その際本稿では、明治期から医療専門家以外の多くの人々が接することができたマスメディアとしての新聞を主たる分析対象とし、そこに残された記事の検討から、右記の課題を考察していくことにしたい。(2)

2　マスメディアは戦時の精神疾患をいかに報じたか

前記のとおり、近年の歴史学をはじめとする研究領域では、過去の戦争に従軍した兵士の心的外傷に関する研究が進展している。こうした研究においては、当時の兵士のなかに、現代でいうところのＰＴＳＤに類似した症状が見られたことが指摘されている。では当時の市井の人々は、このような兵士に起きるとされた諸症状（とくに外傷に起因するとされた心身の症状）について、どのような知識を有していたのであろうか。

先行研究においては、とくに満州事変以降に人々の皇軍意識が高まるなか、当局者の〈皇軍兵士に精神病患者はいない〉という認識が前提とされ、日本軍兵士の「戦時神経症」は、一般市民に対して隠匿されたという指摘がある（中村 2018: 62）。たしかに、一九三〇～四〇年代の新聞記事を通覧しても、兵士の精神疾患に関する報道はきわめて少ない。[3] しかし開示される情報が操作されたからといって、当時の人々が、額面通りにその内容を受け取っていたと判断するのは早計であろう。事実、日中戦争から第二次世界大戦の期間にかけては、内地にいる作家や帰還兵のあいだで、精神錯乱した兵士の噂や、「戦地ボケ」という帰還兵特有の精神状態が語られたという（中村 2018: 64）。

一方、もう少し前の時代（明治末から大正時代）の新聞報道を通覧すると、兵士の精神的な負荷に起因する諸症状に対しては、より自由な言論が保障されていたように見受けられる。たとえば一九〇四年開戦の日露戦争の時期から、一九一〇年代の第一次世界大戦の頃にかけては、複数の新聞が兵士の従軍経験と精神疾患の関連について、注意を促す記事を掲載している。[4] その一例として、ここでは日露戦争が終結した一九〇五年の暮れに『東京日日新聞』に掲載された記事を見てみよう。

◎戦時の精神病者〔……〕／戦捷国《せんせふこく》の我国民は、今や凱旋軍隊の歓迎に忙《せ》はしく、満都の歓声湧くが如くなるが、其れと同時に武運目出度《めでた》く身を全うして帰れるも、精神に異状を生じて、哀れ不幸の境界に沈める人あることをも思はざるべからず。右に就き〔……〕呉医学博士は曰く、〔……〕戦地に於る精神病者に就いて攻究せば、誠に悲惨なるもの少なからず、即ち戦友の戦死を目睹《もくと》して発狂せる者、血を見て狂せる者を始め〔……〕身体過労、思郷の念、或は激しき外傷を受けたる等、種々の原因に依て精神に異状を来せし者あるに付き〔……〕（『東京日日新聞』1905.12.21）

この記事の副題は「呉医学博士と後藤医学士談話」となっており、日露戦争後に兵士の精神疾患についての報告を残した東京帝国大学教授・呉秀三と、東京脳病院院長であった後藤省吾らへの取材に基づいて書かれたものと思われる。同じ取材をもとにしたと推定される記事は、確認できただけでも、同じ時期の『貿易新報』『毎日新聞』『朝日新聞』などにも掲載されおり、(5) いずれも入院患者（兵士）の統計や症例をもとに、戦争に起因する精神疾患に注意を促すという内容になっている。

一読してわかるように、これらの記事では、戦場に赴いた兵士の精神的な負傷の原因について、かなり詳細に報じていることが見て取れる。また「誠に悲惨」などの表現からは、こうした兵士の負傷に対して、きわめて同情的な論調で文章が書かれている点も注目に値する。ここには、戦地における精神的な負傷を、報道において隠蔽しようとする姿勢は感じられない。すなわち、少なくとも日露戦争の時点においては、近代戦における苛烈な戦闘に巻き込まれた兵士たちが、耐え難い心身の負荷によって精神の均衡を失うという因果論が、多くの人々によって共有されていたと推定することができる。

さらにこの時期の報道において興味深いのは、従軍した兵士たちばかりではなく、「銃後」の国民たちもまた、

「戦争」によって精神的な不調に陥る危険性が、繰り返し指摘されている点である。先の『東京日日新聞』の記事はこのように書いている。

彼の普仏戦争当時の如きも、良人《をつと》の戦死を悲み、愛児の従軍を憂ひて精神に異状を呈したる者多かりしが、此度の日露戦争中にも、如上《じょじょう》の原因其他によりて精神病者となりし者、少からざるべし。開戦以来、本院〔東京脳病院〕に収容せし者のみにても、従軍を望むの余り遂に発狂せしもの男二名、憤激の余り発狂せしもの男三名、女一名、我子の従軍に心を労せしに依るもの男三名女二名、良人《をつと》出征に依るもの女二名、弟の従軍に心を痛めしに依るもの男一名にて、最後の患者の如きは遂に死亡したり。（『東京日日新聞』1905.12.21）

ここで描かれている出来事とは、家族の出征による悲嘆、あるいは戦争という非日常的な出来事による高揚感によって、精神の不調をきたした人々の姿である。このような、戦時の「戦地以外」における庶民の精神異常（発狂）を報じる記事、あるいは、今後起こり得る同様の出来事に対して警鐘を鳴らす論説は、この記事のほかにも、当時の新聞に多くみられる。(6) つまり当時の新聞メディアにおいては、従軍した兵士だけではなく、兵士を送りだす各地の人々においても、戦争による各種の混乱が大きな精神的負荷をもたらす危険性が、たびたび指摘されていたのである。

以上みてきたような記事が、一九〇〇年代のマスメディアにしばしば現れていたという事実は、何を物語るのだろうか。それは当時の市井の人々のあいだにも、様々な形での戦争の影響が、兵士や市民の「精神」あるいは「神経」を蝕むという認識が、何らかの形で共有されていた可能性である。当時の人々は、戦時下における人間の精神的な脆弱性に対して、現代の私たちと同等か、それ以上の理解や同情を寄せていたのではないだろうか。もしそうであれば、言論の統制が厳しさを増した一九三〇～四〇年代においても、同様の認識が二十世紀初頭を生きた人々の記憶として保持され、市井の人々のあいだにも共有されていた可能性は否定できない。先に紹介した先行研究が指摘するような、第二次世界大戦下における〈兵士の精神錯乱〉や〈戦地ボケ〉に関する市民の言説は、こうした二十世紀初頭のマスメディア報道を媒介として形成されたとも考えられる。

3　震災とトラウマ

本稿の冒頭で述べたように、一九九〇年代後半の日本で「トラウマ」概念が大衆化したひとつの契機は、阪神・淡路大震災という未曾有の自然災害であった。では、二十世紀前半の日本を代表する災害ともいえる関東大震災においては、同様の現象（災害の後に「ＰＴＳＤ」のような概念が大衆化する現象）は起こらなかったのであろうか。

こうした疑問が生じるのは、この震災が起きたとき（一九二三年）、すでに外傷に起因する精神的な疾患としての「外傷性神経症」という概念が、医学者のあいだには知られていたからである（佐藤 2009）。もちろん、「外傷性神経症」と現在の「ＰＴＳＤ」概念には、病気の解釈や意味づけをめぐって、大きな差異がある。[7] しかし、少なくとも予期しない身体や精神への衝撃によって、人間に様々な心身症状が現れるという認識が当時の医学界に存在した以上、関東大震災後に何らかの精神疾患を発症したと考えられる人々の記録が、数多く残存していても不思議ではない。

ところが「ＰＴＳＤ」や「トラウマ」といった概念が瞬く間に社会に普及・定着したように見える一九九〇年代の状況と比較してみると、関東大震災を契機として、同様の現象が生じた痕跡はないように見受けられる。管見の限り、当時の書籍やマスメディアの資料を調査してみても、こんにち私たちが言うところの「ＰＴＳＤ」や

「トラウマ」に類する出来事が、何らかの医学的な概念を用いて、大規模かつ反復的に語られていた形跡は認められないからである。その理由については即断を避けたいが、世界的に見ても、被災した人々の精神的なストレスに対する研究が未発達であったこと、当時は心因性の精神疾患に対する理解や研究上の価値づけが十分ではなかったこと、震災後の人心動揺を恐れた当局の規制が働いた可能性などが考えられる。

しかし一九九〇年代ほどの規模ではなかったとしても、こうした出来事が、当時まったく注目されていなかったと判断することも、また誤りである。たとえば医学論文としては、金沢医科大学精神科の医学博士であった早尾虎雄らが、震災が起きた年（一九二三年）の十二月『十全会雑誌』に載せた「震災ニヨル精神病」という論文がある（早尾ほか 1923）。この論文では、北陸地方の出身者で、被災後に帰郷（避難）して金沢医科大学の精神科に入院した「精神病」の患者五名の症例を扱いつつ、被災経験と発病の関連が詳しく論じられている。この論文で興味深いのは、この五名の「精神病」の発病メカニズムが被災経験との関連から詳細に考察されている点もさることながら、彼ら（「精神病」患者）以外にも、数多くの「神経病者」がいたと述べられている点である。すなわち早尾らは、「外来ヘ来リシ神経病者二名アリキ」と書いた後で、このような「神経病者ハ何レモ地震ノ災害ヲ目撃シ、或ハ紙上ニ見、亦ハ人伝ニキ、テヨリ、再ビ震災ノ来ルコトナキカヲ恐レ、不安過敏トナリシモノ」であり、「如此症例ハ枚挙ニ遑ナキ程」であると述べている（早尾ほか 1923: 20）。当時、金沢にいた早尾らがこれほど多くの「神経病者」を観察していたとすれば、より被害の大きかった地域では、さらに多くの精神的外傷を負った人々がいたと想像することも、あながち根拠のない推論とは言えないであろう。(8)

実際、当時の新聞には、このような震災に起因すると思われる精神疾患についての、いくつかの記事が残されている。(9) たとえば関東大震災から一ヵ月ほど経った一九二三年十月三日の『朝日新聞』は、「狂人が遽かにふえた／若い男女が殊に多い」という見出しで、震災後に「神経衰弱」や「発狂」が増加したことを伝えている。

大震災によって都会人士は痛烈な衝動を受け、唯さへ《〔ママ〕》身神《〔ママ〕》の薄弱な人たちは一斉に神経衰弱的の傾向を備え、後から〳〵と発狂者、脳神経衰弱者が続出して居る〔……〕右に就き警視庁当局は語る。今度の大震災で女は極度の驚愕、恐怖から突発的に狂人となった者など頗る多く〔……〕男は三十前後の活動の真盛りと云ふ年配で、予て事業失敗したとか訴訟沙汰に苦しんで居たとか云ふ者が、ジリジリ重い神経衰弱になったやうなのが多く〔……〕（『朝日新聞』1923.10.3 夕刊二面）

この記事では「神経衰弱」や「発狂」という言葉が使われているが、被災者が、地震のショックやその後の社会的混乱から精神に変調を来すという考え方は、こんにちのＰＴＳＤやトラウマに関するメンタルヘルス的な言説と近似したものと言える。また同時に、こうした「増加」した患者をどのように処遇すべきかという、患者の収容問題も頻繁に議論されていた[10]。

震災以来発狂者が続出し〔……〕此夏熱さが続いて狂人が多かった為め、各精神病院は大繁昌を呈して居る。〔……〕今日では松澤病院に七〇〇名の患者が居て、最早此上収容の余地がなくなり〔……〕満員で殆ど余力なきに至った。災害に依る悲惨事はまだ当分継続され、精神病者は未《まだ》続々として出る模様があるが、若しさうなると之を収容する事が出来なくなる。（『朝日新聞』1923.10.7 朝刊三面）

そして震災の翌年以降になると、被災によって精神の変調を来した（とされる）当事者の起こした事件が、幾度か紙面で報じられるようになる。たとえば「震災からの哀れな一家／主人狂気し自殺を図る」という一九二四年十一月の記事では、震災時に「市中の火焔を見て気が変にな」った職人が、硫酸自殺を図った事件を報じているし（『朝日新聞』1924.11.27 朝刊七面）、「医学博士の若妻、割腹自殺を企つ」という一九二七年の記事では、震災時に「恐怖が原因で流産し［……］その後、強度のヒステリーに罹っていた」という医学士の妻が、割腹自殺を図ったとされる事件が報じられている（『朝日新聞』1927.7.13 朝刊十一面）。もちろん、こうした記事に現れる当事者らが、現代的な意味での「震災による心的外傷」に苦しんでいたのかどうかはわからない。たとえば前記の「精神病者」には、こんにちの「ＰＴＳＤ」以外の患者も多く含まれていたであろう。しかし少なくとも、震災によって精神の均衡を失った人々が多く出現したという認識は、当時、多くの人々が抱いていた社会意識の一部であったと言えよう。またこうした記事の存在は、衝撃的な出来事を経験した個人が、往時のショックやその後の混乱によって精神の均衡を崩すのだという考え方が、当時の人々のあいだに広く共有されていたことを示している。このような状況は、一九九〇年代の日本と、関東大震災当時の日本とで、大きな相違はなかったように思われる。

ただし、このような一九二〇年代の状況と、阪神・淡路大震災後に日本で起きた出来事には、精神医学的な概念の成立や普及という観点からみて、大きな違いがある。それは、突発的な災害や事故によって惹起される特有の精神疾患の名称が、一九二〇年代には、いまだ大衆化していなかったという点である。すなわち一九九〇年代には「トラウマ」や「ＰＴＳＤ」という新しい概念や診断名が、突然の災厄に見舞われた人々の精神的な外傷を意味する言葉として大衆化したが、一九二〇年代において彼らが陥る精神の危機は、従来から使われていた「神経衰弱」や「発狂」、あるいは「精神病」の一部として語られるに過ぎなかった。このような違いから、一九二〇年代の関東大震災における被災者の心的トラウマは、ある一定の社会問題としてのクラスターを形成することができなかったものと思われる。

4　平時の事故とトラウマ

では一九二〇年代の日本において、前述した「戦争」以外の文脈において、突然の災害や事故に遭遇した人々に現れる特有の精神疾患は、いまだ認識されていなかったのであろうか。少なくとも医学史的な意味でいえば、答えは否である。なぜなら冒頭でも述べたように、十九世紀末から二十世紀前半の医学界においては、鉄道労働の現場を中心として、事故に関連して起きる神経症としての「外傷性神経症」という疾患が、医学者たちの注目を集めていたからである。この概念における外傷経験と心身症状の関連性については、こんにちの「トラウマ」概念と異なる点も多い。またかつて拙稿でも述べたように、日本ではこの診断名が広く人口に膾炙し、犠牲者を擁護あるいは救済するという文脈で使用されたという形跡もない（佐藤 2009）。しかし当時の新聞記事を丁寧に読んでいくと、わずかながら、この「外傷性神経症」に関連すると思われる報道が発見できる。以下こうした断片的な報道から、同症の大衆的な意味づけについて確認してみたい。

まずは二十世紀初頭の記事をみてみよう。ここで引用するのは、『都新聞』が一九〇六年に掲載した「衛生叢話」という連載記事の一部で、「(其三) ヒステリー (昔の血の道)」と書かれた文章の一節である。

▲心の外傷《けが》　傷と云っても血の出るやうな傷ではない。水に落ちて腹を打ち、強い電気に触れると死ぬ人があることは、世人の能く知ることで［……］ある。処が打ちもせず、触れもせずして出来る傷がナカ〳〵多い。唯、痛みもなく血も出ず傷も見えぬ為、誰も気の付かぬので、例令《たと》へば憤怒《おこる》とか恐怖《おそれ》とか云ふやうなものである。殊に心の外傷《けが》は普通の傷の如く目に見えずして、漸次《だん〳〵》劇《はげ》しい故障を起して来る。コ、に火災が在ったとして、火傷もせず無難に過ぐれバ、マア良かった位の事で本人も他人も気付かぬけれど、一二年［一～二年］の後に、心に受けた外傷《けが》が始《〔ママ〕》めて現れ来ることを発見することは、神経病専門の医者が屢《しば〳〵》目撃することである。（『都新聞』1906.3.10）

この記事は、見出しにも「ヒステリー（昔の血の道）」とあるように、いわゆる「外傷性ヒステリー」について、識者が平易に解説した啓蒙的記事といえる。(11) ここでは書き手が「打ちもせず、触れもせずして出来る傷」を「心の外傷《けが》」と表現しており、それはおそらく、現代の「心的外傷」や「トラウマ」と類似した精神的な受傷を指しているものと理解してよい。一九九〇年代の日本では「心の傷」という表現が広く用いられたが、それより九〇年ほど前にも「心の外傷《けが》」という、ほぼ同様の表現があった点は興味深い。これらの表現で前提とされているのは、「心（精神）」も「体（肉体）」と同様に「傷」を負うことがあるという、心身の比較に基づいた推定である。また「一二年の後に、心に受けた外傷《けが》が始（ママ）めて現れ来ることを発見する」というような記述は、現代のいわゆる「遅発性PTSD」の概念を想起させる。もっとも、このような「外傷性ヒステリー」に関する学説は、十九世紀フランスの神経学者シャルコーの研究などを通じて、当時の日本の医学者たちには伝えられていた。ゆえに、このような知識が、医療関係者のあいだで共有されていたとしても不思議ではない。しかしそれとほぼ同様の知識が、当時発行部数を伸ばしつつあった新聞というマスメディアを通じて、医療専門家以外の人々にも広く伝えられていた点は注目に値する。さらに驚くべきことに、次に引用するような別の記事では、より詳細に、医学論文と見紛うような詳しい解説を交えつつ、「外傷に因するヒステリー」に関する知識が伝えられている。

◎奇異なる病気（外傷に因するヒステリー）／昨今、地震に対する恐怖心漸く増大し、中には今にも大地震の襲来すべき様考え、鼠の天井を騒ぐにも驚きて起つ人ありといふが、此等の人々は兎角狼狽の結果、何んでも無きことに負傷して、為めに不測の災を招く事あれば、能く〳〵注意せざる可らず。右に付、グライフスヴアルド大学の教授ウエストフアル博士が最近の独逸医事週報にて、一年余りも前に不慮の災難に遭ひて負傷せし為め、精神に異常を来たしたる珍らしき一例を報告したれば参考迄に摘記せんに、此の患者は三十三歳の鉄道車掌なるが、嘗て汽車の衝突せし際車中に積載せる貨物の為め、其背部を打たれ且つ左上膊に軽傷を受けて人事不省となりしが、暫時にして蘇生し、格別心身に異常もあらざりしかば、再び職務に就けるが幾許もなくして身体震顫を覚え、折々不安の念起れり。〔……〕其儘一年余も勤続し居たるに、或日突然妻に向ひさきの遭難を語り、而も其話し中に往々前後不揃《ふぞろひ》の事あり。〔……〕当時患者は恰も汽車に乗ぜるが如き動作をなし、譫言《うはごと》及び手真似をなし、少時も静止せず〔……〕。〔……〕記憶全く消失せるも、二日間にして忽然快復し、何等異常を認めざるに至りしが、又た数時間の後、精神錯乱せり。爾来時々平癒するも再三この異常を繰返へし、其都度さきの災害に関連せる発狂的症状を呈せしが、博士の親切なる治療により、漸く全治退院せりと。〔……〕我邦《わがくに》にても仔細に詮穿《せんたく》せば、斯る珍奇の例も得られずといふこと無かるべし。然《さ》れば脳に被れる外傷ならずとも、前記の如きヒステリーを発することあれば、軽き負傷なりとて油断をなさず、万事に注意して何時《いつ》災厄にあふも注意より得らるべき安全の途《みち》に就くべきなりと。（『東京日日新聞』1906.1.31）

一読してわかるように、ここで解説されている出来事も、「戦地」以外の空間における受傷（怪我）の経験が契機となって、「ヒステリー」を発症したとされる男性の物語である。この男性の職業が「車掌」であり、「汽車の衝突」によって病を得たとされていることは、おそらく偶然ではない。当時の欧州を中心とした鉄道労働の現場は、事故の多発や労災補償制度の充実といった特徴から、外傷に起因する神経症や神経障害が生じやすい空間であると考えられており、こうした病に関する医学研究も進展していたからである（佐藤 2009）。しかし日本で鉄道従業員の「外傷性神経症」が問題化するのは一九二〇年代から三〇年代にかけてのことであり、それ以前から、欧州の事例が日本の新聞で報道されていた点は注目に値する。

なぜこの時期（二十世紀の初頭）に、外傷に起因する神経病がマスメディア上で言説化されたのか。理由は定かではないが、この時期が「神経衰弱」に代表される通俗的な神経病言説の普及期にあたること（佐藤 2013: 143–272）、また前述した日露戦争の経験によって、外傷に起因する精神疾患に対する大衆的な関心が高まっていた可能性が考えられる。ただし先の記事は「我邦《わがくに》にても仔細に詮穿《せんたく》せば、斯る珍奇の例も得られずといふこと無かるべし」と述べているものの、あくまでこうした症状を「珍らしき」「珍奇」なものとして紹介するにとどまっている。その意味で、やはり一九〇〇年代の「戦地」以外のトラウマは、認識されていたとはいえ、かなり出現頻度の低い出来事として市井の人々に理解されていたといえるだろう。

その後、一九二〇年代以降に国有鉄道における「外傷性神経症」研究が組織化されていく過程で、この病や関連する疾病概念に言及した新聞記事が、わずかに散見されるようになる。たとえば一九二二年に『讀賣新聞』に掲載された「鉄道従業員に特有な外傷性神経症」という記事（『讀賣新聞』1922.3.16 朝刊四面）、あるいは事故に遭遇した人々の「外傷性ヒステリー」についての日本神経学会での学会報告を取り上げた記事などがある（『朝日新聞』1912.4.6 朝刊四面）。しかし一九三〇年代に入ると、「保険屋泣せの奇病流行／お金を見るとケロリ全快」（『朝日新聞』1930.3.17 朝刊七面）あるいは「ヒステリー百態／年金ヒステリー」（『朝日新聞』1935.5.3 朝刊五面）といった見出しの文言が示すように、外傷性神経症あるいは外傷性ヒステリーという病は、補償や賠償に対する欲求に起因する神経症であるという「補償神経症の枠組み」（高原 2015）による解釈へと、マスメディアの言説も収斂していった[12]。こうした認識の枠組みにおいては、症状の直接的な原因は患者の潜在的な「欲求」にあるとされ、安逸な生活を望む当事者の性格や素質の問題であるという意味づけがなされていくことになる。よって一九三〇年代以降の外傷に起因する神経病の解釈は、こんにち我々がイメージするような心的トラウマの解釈とは、大きく隔たったものになっていった。

5　おわりに

以上この小稿では、こんにち「トラウマ」という言葉で理解されているような心的外傷の経験が、近代日本のマスメディアにおいてどのように表象されてきたのかについて考察した。その結果、先行研究でも指摘が多い兵士のトラウマに関しては、日露戦争から第一次世界大戦の時期にかけて、マスメディア上でも複数の言及があったことが明らかになった。また従軍した兵士だけではなく、兵士を送りだす側の人々、あるいは地震に遭遇した人々のあいだにも、各種の精神疾患が発生する危険性を指摘する言説が存在していた。しかしこれらの言説では、現代の「ＰＴＳＤ」のように、人間の心的外傷を固有に問題化するような概念が使用されていたわけではなく、こんにち言われるような意味での「トラウマ」が、医学的問題として認識される契機は少なかったものと推察される。またそうした概念の候補たりえた「外傷性神経症」も、一九三〇年代以降は「補償神経症の枠組み」によって解釈され、人々から同情を寄せられるような性質の言説を構成することはなかった。これらの点を要約すれば、一九八〇年代までの日本社会を生きた人々は、戦争や災害・事故などの出来事によって人間の精神に過大な負荷がかかり、場合によっては精神疾患を発症する可能性があることを認識はしていた。しかし、外傷に起因する精神疾患を意味する固有の疾病概念が未確立であったため、こうした現象を、医学的な概念を用いて社会問題化することはなかったといえるだろう。その理由はいくつか考えられるが、第一に疾病概念をおもに構成する医学者自身が、被害者・犠牲者の「心的トラウマ」に対して同情的な視点を有することが難しかったという事情が考えられる。すなわち、二十世紀前半までの日本の精神医学は、災害後の心身症状を最終的に「補償神経症」の枠組みで解釈したドイツ（とその周辺地域の）医学の強い影響下にあり、「災害という出来事が人間の心理に直接影響を与えるという一見単純な構図」（高原 2015: 186）に達することができなかった。また第二に、災害後のショックを精神医学的な語彙で語ることに対する、大衆レベルでの忌避感もあったと考えられる。阪神・淡路大震災後に避難所へ出向いた精神科医や臨床心理士たちが、避難している住民から拒否的な反応を示されたというエピソードが示すように（藤城 1995; 大野 2000）、一九九〇年代の時点ですら、精神の病を特別視する感覚は多くの日本人が抱いていたものと推察される。このような事情から、現在でいうところの「トラウマ」概念と近似した知識を有している人々は存在したものの、その知識を用いて、広く被害者や犠牲者の「心の傷」を問題化しようとする運動は、近年まで生起し得なかったといえるだろう。その事実が、近代日本を生きた人々の戦争や災害に対する集合的な認識、あるいはこんにち「ＰＴＳＤ」を患うリスクがあるとされるような人々に対する社会的な対応とどのように関連していたのかについては、稿を改めて論じることにしたい。

【謝辞】

本研究は科研費（JP19K21718, JP19K02037）の助成を受けたものである。

【注】

（1）　ＰＴＳＤの訳語としては、これまで「外傷後ストレス障害」や「心的外傷後ストレス障害」が使われてきたが、本章ではＤＳＭ‐５（米国精神医学会の診断マニュアル『精神疾患の診断・統計マニュアル』第五版）の訳語を採用し、「心的外傷後ストレス障害」と記述する。

（2）　引用に際しては、文章の読みやすさを考慮して、旧字体は適宜新字体に改め、文章中に句読点や濁点を補った。また、資料にある振り仮名（ルビ）を省略した箇所がある。新聞記事の引用においては、（新聞名　発行年・月・日　掲載頁）の形式で引用元を示したが、新聞記事の掲載頁が不明であった場合には、掲載頁を省略した。なお『朝日新聞』と

『読売新聞』以外の記事は、かつて拙著でも紹介した「スクラップブック」に添付されていた資料と書誌情報を用いている（佐藤 2013: 60–1）。そのため、紙名や掲載年月日が必ずしも正確ではない可能性がある点に留意されたい。

（3） 例外的に太平洋戦争中の新聞報道において、兵士のPTSD的な症状について言及した論説として、医師である木場武雄の署名が入った「戦争神経症」という記事がある（『朝日新聞』1943.9.14–15 朝刊四面）。この記事は、兵士にみられる特有の神経症を「戦争神経症」や「戦争恐怖症」と呼び、これらを内分泌機能などの生理学的知見から解説したものである。しかし記事内で実例として挙げられているのはアメリカ軍の兵士や第一次世界大戦に従軍した欧州兵士の例であり、日本軍兵士の臨床例は登場しない。また同年十二月の記事でも、「近代戦に登場した神経障害」という見出しで「戦争神経症」や「精神神経症」について解説しているが、この記事はそもそも米誌の翻訳を掲載したものであり、ここでも日本軍の兵士の症例は登場しない。

（4） 紙幅の都合から本文には掲載できないが、日露戦争時と同様に、第一次世界大戦の際にも、「精神感動」や「戦友の死」といった外傷的体験によって戦場の兵士が精神疾患に陥るという言説が、新聞紙上に現れている。たとえば「●戦争と狂者／▽増加の傾向あり」と題された一九一四年の記事（『朝日新聞』1914.11.23 朝刊六面）や、「戦争と精神病」という見出しの一九一六年の記事（『大阪毎日新聞』1916.12.10–13）などがある。ただし、多くの日本人戦死者を出した日露戦争時と比べて、第一次世界大戦時に同様の記事は少数しか確認できない。

（5）「戦争時の精神病／研究を要すべき患者」（『貿易新報』1905.12.23）、「平気だ、宜しい」（『毎日新聞』1905.12.22）、「戦時の精神病者」（『朝日新聞』1905.12.24 朝刊六面）。この時期にこうした記事が書かれた理由としては、取材を受けた側からの、歳末の寄付や篤志に対する期待があったのかもしれない。なお、ここでいう『毎日新聞』は明治三年創刊の『横浜毎日新聞』と思われる。

（6） たとえば当時「神経衰弱」の紹介者として有名であった医師・狩野謙吾への取材をもとに書かれた「戦争と神経」という記事では、戦時下という特殊な状況では「連戦連勝の我国とても誰でも脳を痛める」として、一般人が留意すべき「神経養生法」について詳しく解説している（『朝日新聞』1904.9.17 朝刊七面）。

(7) さらに言えば、「外傷性神経症」（あるいは「外傷神経症」）という概念自体も、時代背景や研究の推移によって、その意味内容を変遷させてきた（菊池 2013: 124）。

(8) なお付言しておけば、医学史的観点から興味深いのは、この論文では今回の震災（関東大震災）が「スベテノ状況ヲ戦乱ト等フスル」と述べられ、また被災者の経験が「恰モ戦乱ノ巷ニ立チシ場合ト同ジ境遇ニヲカレシモノ」と指摘されている点である。実際、当論文では先行研究として「戦役ニヨル神経並ニ精神病ニ関スル内外ノ報告」が言及され、現在でもPTSDの先行概念として言及される「シェルショック」に関連する海外の研究が紹介されている。また当論文の筆頭著者である早尾は、日中戦争時に旧日本軍兵士の「戦場心理」に関する報告書を執筆しており（「戦場心理の研究」復刻版『十五年戦争極秘資料集』補巻三十二、不二出版、二〇〇九年）、このような関連からも、当時の震災に起因する精神疾患の研究が、いわゆる戦争トラウマの研究と深い関連をもっていたことが窺える。

(9) なお関東大震災以前にも、少数ながら、地震に関連する精神疾患の事例が新聞紙上で紹介されることがあった。たとえば一九〇六年の『朝日新聞』は、「地震と恐怖症」と題して東京脳病院院長であった後藤省吾の談話を掲載し、大規模な地震に遭遇したり、その報道を目にしたりすることによって「恐怖症」を発症した患者の症例を伝えている（『朝日新聞』1906.1.29 朝刊六面）。また本文で後述する一九〇六年の『東京日日新聞』の記事は「昨今、地震に対する恐怖心漸く増大し、中には今にも大地震の襲来すべき様考え、鼠の天井を騒ぐにも驚きて起つ人ありといふが〔……〕」と書き、外傷性ヒステリーの発症と、被災経験の関連を仄めかしている（『東京日日新聞』1906.1.31）。こうした記事は、現代でも震災後にみられるメンタルヘルスへの配慮を促す言説と類似したものといえるが、当時はこうした記事が書かれること自体が稀であり、社会問題として人々に認識されるには至っていなかったと推察される。

(10) このような〈震災後に精神疾患の患者が増えた〉という趣旨の報告は、本文中で引用した早尾ら以外にも、複数の医療関係者によってなされている。たとえば戸山脳病院を経営していた杉村幹は、関東大震災後に「恐怖性、疲憊性、急性錯乱等」の「精神病者が草の芽の如く続々と発生し」「私の病院も毎日々々の入院患者で、門前市を成すの盛況であった」と述べている（杉村 1937: 21）。また根岸病院医局にいた佐藤政治は、震災時の病院内の様子を振り返り、「平生例の少い《〔ママ〕》高度の神経衰弱が沢山現はれた」と述べ、このことが新聞では「変つた精神病が出たとか、嘗て見ない患者を見た」といった記事として現れたのではないかと考察している（佐藤 1923: 294）。

（11） ちなみに「血の道」とは、近世以前の日本社会において、婦人科系の心身症状をあらわす漢方医学の用語であり、明治期以降は西欧から輸入された「ヒステリー」概念と互換的に用いられる場合があった。

（12） こうした解釈の枠組みは、第二次世界大戦後の日本社会でも継続したものと考えられる。たとえば「ケガがもとで頭痛／賠償をきっぱりしたい」という戦後の新聞記事では、怪我をした工員からの賠償要求に苦慮しているという工場経営者からの相談に対し、「東大神経科」の医師が次のように回答している。「賠償が当然期待される公務の場合、こうした時期にいわゆる外傷性神経症がしばしば起ります。これは賠償に対する欲求不満（患者自身にこれがはっきり意識されることも、全く意識されないこともある）が外傷の自然のなおりをそ害しているのです」（『読売新聞』1953.8.11朝刊五面）。また高原によれば、一九六三年に起きた三池炭鉱爆発事故によるCO中毒患者に対しても「補償神経症」の枠組みのもとで治療とリハビリが行われており、「戦中の戦争神経症治療との連続性が見られる」という（高原 2015: 192）。

【文献】

浅井利勇、一九九三、『うずもれた大戦の犠牲者――国府台陸軍病院・精神科の貴重な病歴分析と資料』国府台陸軍病院精神科病歴分析資料・文献論集記念刊行委員会。

藤城聡、一九九五、「避難所で体験したこと」中井久夫編『一九九五年一月・神戸――「阪神大震災」下の精神科医たち』みすず書房、二二一―二二三頁。

早尾虎雄・赤申吉・天海次郎、一九二三、「震災ニヨル精神病」『十全會雑誌』二八(一二):二一〇―三九。

林公一、二〇一〇、『サイコバブル社会――膨張し融解する心の病』技術評論社。

菊池浩光、二〇一三、「わが国における心的外傷概念の受けとめ方の歴史」『北海道大学大学院教育学研究院紀要』一一九:一〇五―一三八。

中村江里、二〇一八、『戦争とトラウマ――不可視化された日本兵の戦争神経症』吉川弘文館。

大野光彦、二〇〇〇、「阪神淡路大震災/PTSD/心のケア」日本社会臨床学会編『カウンセリング・幻想と現実 下巻』現代書館、一二一―一五〇頁。

斎藤環、二〇〇三、『心理学化する社会――なぜ、トラウマと癒しが求められるのか』PHP研究所。

佐藤政治、一九二三、「震災と精神病院」『変態心理』一二(三):二九〇―二九四。

佐藤雅浩、二〇〇九、「戦前期日本における外傷性神経症概念の成立と衰退――一八八〇~一九四〇」『年報科学・技術・社会』一八:一―四三。

――、二〇一三、『精神疾患言説の歴史社会学――「心の病」はなぜ流行するのか』新曜社。

Sato, Masahiro, 2018, "The Diffusion Process of the Concept of Trauma in Contemporary Japan, 1990s-2000s," *Saitama University Review (Faculty of Liberal Arts)*, 54(1), 1-10.

清水寛編、二〇〇六、『日本帝国陸軍と精神障害兵士』不二出版。

杉村幹、一九三七、『脳病院風景』北斗書房。

高原耕平、二〇一五、「災害精神医学小史のこころみ――阪神・淡路大震災における〈心のケア〉を問いなおすために」『未来共生学』二:一六三―二〇三。

第3章 南ティロルにおけるファシズム／レジスタンスの記憶
――解放記念日と凱旋門の顕彰を手がかりとして

秦泉寺友紀

1 境界地域としての南ティロル

オーストリア、スイスと国境を接するアルプスの麓、イタリア北部に位置する南ティロル（Südtirol）は、ドイツ語話者、イタリア語話者、少数言語のラディン語話者が暮らす複数言語地域で、イタリア語話者が大半を占めるイタリアでは異色の地域である。(1) この地域は、イタリアの行政単位としては、ドイツ語話者の多いボルツァーノ県とイタリア語話者の多いトレント県からなる特別自治州のトレンティーノ・アルト・アディジェ州にあたり、一九九八年以降は、オーストリアのティロル州とともに、EUにおけるティロル＝南ティロル＝トレンティーノ・ユーロリージョンに指定され、文化を中心に国境を越えた交流、協力を推進している。

近年は「異なる文化集団間の対立を克服した成功例」（Schulte 2020）と評される南ティロルだが、過去には集団間での確執を経験した。第一次世界大戦から第二次世界大戦終結までの約三十年間に、オーストリア＝ハンガリー帝国からイタリア王国への帰属変更（一九一九年）、ナチス＝ドイツによるオーストリア併合に端を発するドイツかイタリアかの国籍選択（ドイツ語、ラディン語話者住民対象／一九三九年）、イタリア王国と連合国との休戦にともなうナチス＝ドイツによる事実上の支配（一九四三〜四五年）、第二次世界大戦後のイタリア復帰と帰属変更を重ねたこの地域は、一九六〇〜七〇年代には、イタリアからの分離独立を求めるテロ事件が相次いだ。インスブルック駅前広場はじめ、オーストリア国内各所に点在する南ティロルの名を冠した広場は、南ティロルの帰属がイタリア、オーストリア間の争点であったことの名残をとどめる。

二十世紀末以降、ボルツァーノ県統計局（ASTAT）による「アルト・アディジェ言語バロメーター」に基づく調査によれば、「南ティロルにおける三つの言語グループ（イタリア語話者、ドイツ語話者、ラディン語話者）の社会、政治レベルでの共存についてどう考えますか」との質問に対し、「大きなあるいは非常に大きな問題」との回答は、一九九一年の三十八％から、二〇〇四年には十一・一％、二〇一四年には七％と減少し、同時に「問題ではない」の回答は、一九九一年の八・一％から、二〇〇四年には二十三・二％、二〇一四年には五十三・三％に増加した（Schulte 2020: 136）。この調査には「［三つの言語グループの共存は］過去に比べれば大きな問題ではない」の回答項目もあり、その割合は、一九九一年には五十三・五％、二〇〇四年には六十・〇％、二〇一四年に三十・九％と推移している。こうした動きは、二〇〇〇年代までは「過去」には異なる言語話者間の「大きな問題」があったとの認識が一定の広がりをもったことを示す。異なる言語グループの共存について「問題ではない」との回答が二〇一四年に過半数を超えた先の結果もあわせると、二〇一〇年代からは、かつてはそれがあると認識されていた言語話者間の「大きな問題」の存在自体、忘却されつつあることもうかがえよう。

本章は、短期間に帰属変更を繰り返し、異なる言語話者住民間での葛藤がみられた戦間期にもさかのぼりながら、とりわけ二〇一〇年代以降の南ティロルで、第一次世界大戦やファシズム、レジスタンスといったこの地域にとっての困難な過去がどのように意味づけられ、記憶されているのかを、とくにドイツ語話者の多い地域の中核都市ボルツァーノ（ドイツ語ではボーツェン）の二つの事例を通してみていきたい。第一に欧州議会の後援のもと二〇一一年から行われている「解放記念日」——一九四五年四月、パルチザンが北イタリア地域をドイツ軍およびファシストから「解放」したことに由来するイタリアの祝日――に関わるイベントである「現代の諸レジスタンス」、第二にボルツァーノ中心部にファシズム期に設置され、改修を経て二〇一四年に公開された第一次世界大戦におけるイタリアの勝利を祝うモニュメント、凱旋門の顕彰である。

議論を少し先取りすると、一九一〇年代末から一九四〇年代半ばの出来事をめぐり、二〇一〇年代以降の南ティロルで示されている解釈には、イタリア国内の一般的なそれとの乖離がみられる。そうしたこの地域に特徴的な過去の想起のあり方は、異なる国家がせめぎ合う境界地域に生きた南ティロルの人々が導き出した着地点ともいえる。本章は、その成り立ちに光を当てたい。

2　南ティロルにおける「解放記念日」

一九九〇年代以降のイタリアにおけるレジスタンスの位相

「(反ファシズムの) レジスタンスから生まれた共和国」を国是とする戦後イタリアにおいて、「ナチファシスト」と総称されるドイツ軍およびムッソリーニの陣営についたイタリア国内のファシストと戦った一九四三年から約一年半のレジスタンスと、一九四五年春の「ナチファシスト」からの「解放」を顕彰する四月二十五日の「解放記念日」は、戦後イタリアの礎となる国民の祝日と位置づけられてきた。

レジスタンスを経験した年齢層の人々の多くが鬼籍に入りつつあった二〇〇〇年代以降のイタリアでは、その顕彰は、いっそう注力されているようにみえる。解放記念日には、レジスタンスの中心地であった北部を中心とする各地で集会が開かれ、国営放送ＲＡＩでも特別番組が組まれるのが常である。パルチザン経験をもたない世代で初の大統領となった一九四一年生まれのマッタレッラ大統領も、二〇一五年の大統領就任以来、パルチザンとしてレジスタンスを経験した、一九二五年生まれの前任のナポリターノ大統領（当時）同様、解放記念日には大統領府主催の記念式典を開催、国内各地の記念集会に参加するなど、レジスタンスの顕彰に取り組んでいる。

一九四〇年代半ばの「解放」から時を経て、レジスタンスの歴史化が進行する一方、それをめぐる議論は活発化している。とりわけ社会的な論争となったのは、イタリアを代表するファシズム史家デ・フェリーチェらにより一九九〇年代に提示された、レジスタンスはイタリア人による「ナチファシスト」からの「解放戦争」というよりも、イタリア人同士が争った内戦ではなかったかとの問題提起である（De Felice 1995）。とはいえ一九九〇年代当時は、デ・フェリーチェらの主張――イタリア人の多くは、ファシストでもパルチザンでもない、いわば黒と白のあいだの「グレーゾーン」を構成していた、ファシストとパルチザンは同じイタリア人同士として「和解」すべきだといった内容――は、「修正主義」と批判され、総じて少数派にとどまった。

その一方、二〇〇〇年代に入ると、インタビュー等の取材を元にパルチザンの残虐な暴力を描いた一九三五年生まれのジャーナリスト、パンサによる『敗者の血』、『知られざる一九四五年』（Pansa 2003, 2005）等の一連の著作や、ムッソリーニのイタリア社会共和国で思春期を過ごした一九二九年生まれの歴史学者で、旧ユーゴスラヴィアのパルチザンに殺害されたファシストの父をもつヴィヴァレッリによる『季節の終わり――一九四三～一九四五年の回想録』（Vivarelli 2000）など、ファシストを人間味あふれる存在、パルチザンの暴力の被害者として描いた一般読者向け書籍の刊行が相次いだ。レジスタンスを国是としてきた戦後イタリア社会における左派への疑義に根差し、「もうひとつの歴史」等銘打ったこれらの著作は、一定の読者を獲得している。(2)

こうしたファシスト像やレジスタンスをめぐる歴史認識については、インタビューの手法への疑義のほか、ファシストと反ファシストの「生における差異」（Luzzatto 2004=2006: 59）を無視すべきではないといった批判がある。先に触れたように大統領府はレジスタンスの価値を護持しているほか、近年勢いを増す移民排斥の主張を掲げる政党「同盟」に対抗し、二〇一九年秋からボローニャから全国に拡大した「イワシ運動」においても、イタリア全国パルチザン協会の関係者が集会で登壇し、パルチザン歌が歌われたり、この運動のＳＮＳ上で解放記念日が祝われるなどしている。これらの動きは、その終焉から七十年以上を経てなお、イタリアにおいては一九四〇年代のレジスタンスが現代的なテーマであることを物語る。

南ティロルにおける「解放記念日」の顕彰

　レジスタンスへの疑義が波紋を広げ続けていたこの時期、南ティロルでは、欧州議会の後援のもと、地域の中核都市ボルツァーノをメイン会場として、解放記念日に関連づけられた種々の企画からなるイベント、「現代の諸レジスタンス」が開催され始めた[3]。初回となった二〇一一年のテーマ、「記憶の拡張」は、過去の想起を焦点としているようにみえる点で、同時代のイタリアにおけるレジスタンスの顕彰をめぐる社会的文脈に連なるようにもみえる。だが、南ティロルの伝統的な民族衣装姿の（ファシズム期に十代を過ごしたと思しき）高齢男性と、二十一世紀を生きる十代と思しき現代的な服装の若い女性が共に並んで正面を見つめるこの年のポスター（図１）からは、「拡張」する「記憶」が年長世代のそれであることは推察されるものの、その記憶の内容は必ずしも定かでない。イタリアの通常の解放記念日にみられるパルチザンや「ナチファシスト」といったレジスタンスを示唆する要素が一切ないことは特徴的である。

図１　「現代の諸レジスタンスプラットホーム」の公式ＨＰより[4]

　南ティロルにおける解放記念日のイベントはその後、「再建――歴史と足跡：危機の向こうに」（二〇一二年）、「社会の構造」（二〇一三年）、「星々の子どもたち――人々のヨーロッパ」（二〇一四年）といった、年ごとに異なるテーマを掲げ、イタリアの通常の解放記念日のイベントとはますます一線を画した展開をみせる。ポスターのデザインも、二〇一三年の「社会の構造」は、イタリア人の高齢女性とアフリカ系と思しき女性、ヘッドスカーフを被ったムスリムと思しき女性が談笑しながら編み物をしているデザイン、二〇一五年の「ひらめき――未来を照らすための現在のエネルギー」は、電球内のフィラメント部分で、女性が両手をあげて楽しそうにジャンプしているデザイン、二〇一六年の「進行する分かち合い」では、糸電話でコミュニケーションする若い男女に、「イタリアの二十二%の若者がシェアリングエコノミーに参加」の文言が添えられている。

こうした南ティロルのイベント、「現代の諸レジスタンス」の性格は、レジスタンスがイタリアで通常用いられる単数形（la Resistenza）ではなく、複数形の「諸レジスタンス（le Resistenze）」と表記されることに端的にあらわれる。移民やエコロジー、サステナビリティといった、その時々の同時代の社会問題に照準したテーマを打ち出す南ティロルのイベントは、「ナチファシズム」からの「解放」という成果よりは、人々の「抵抗する」（resistere）という構えに光を当てる。そして、「抵抗」という構えをレジスタンスの起点として評価、継承し、そこから今日的課題に向き合い、対話や討議を通して打開策を模索するというのがこのイベントの主旨である。ゆえに企画内容も若者の参加や討論に重きを置いたワークショップや講演会が中心で、イベントそれ自体、「市民とりわけ若者を励ます、地域の文化的プロジェクト」と銘打たれている。

だが、南ティロルのレジスタンスの顕彰における「ナチファシスト」の不在は、一九三〇～四〇年代のこの地域にドイツ軍やファシストが存在しなかったことを意味するわけではない。事実はむしろ逆で、イタリア王国と連合国が一九四三年九月に休戦に入ると、南ティロルは事実上、ナチス＝ドイツの支配下に入った。それは、この地域のイタリア語話者にとっては他国による侵略であった一方、ドイツ語話者にとっては、第一次世界大戦後、この地域の「イタリア化」を推進してきたイタリアからの解放を意味するという、異なる言語話者間でその意味するところが真逆の状況であった。イタリアの一般的なそれとは隔たった南ティロルの解放記念日のイベントは、レジスタンスを読み替えることで、異なる言語話者間の対立を呼び覚ましかねない過去の記憶を想起することを回避するものといえよう。

3　南ティロルにおける戦間期

イタリア併合と「イタリア化」政策

第一次世界大戦からの約三十年にわたり帰属変更を繰り返した南ティロルは、当時のオーストリア＝ハンガリー帝国、イタリア王国双方にとって、ウィーンやローマといった中央／首都から離れた辺境であった一方、他国に隣接する境界であるゆえに、国家間の攻防の局面では最前線となる位置にあった(5)。第一次世界大戦後の一九一九年、伊墺の国境のブレンナー峠への変更にともない、その南側の南ティロルが、北ティロルおよび東ティロルと切り分けられイタリアに割譲されたが、その地名が示すとおり歴史的、文化的にティロルに属し、ドイツ語話者が多数を占めたこの地域のイタリアへの割譲は、ティロルとオーストリアに禍根を残した。

他方、イタリアはこの地域をアルト・アディジェ（Alto Adige／アディジェ川の上流の意）と命名し、ボルツァーノ県をローマ直轄下においた（Cole and Wolf 1999: 57）。一九二二年に政権を握ったファシスト政府は、ドイツ語話者にイタリアへの同化を迫ると同時に、イタリア国内からこの地域への移住を進めるイタリア化政策を展開した。具体的には、都市や通りの名称、住民の姓名のイタリア語への改称や、公立学校からのドイツ語の排除（Pergher 2018: 62-4）、ドイツ語話者の公務員に対する他地域への転勤命令（Cole and Wolf 1999: 58）、地域経済を支える金融機関への圧力などである（Pergher 2018: 100）。貸付調整により継続できなくなったドイツ語話者の事業をイタリア語話者に格安で転売したり、ドイツ語話者の農地を買い上げ、イタリア語話者の新規就農を推進する事業も行われた（Pergher 2018: 105）。さらに一九三〇年代半ばにはボルツァーノ郊外に、鉄鋼、アルミニウムを主とする工業団地を建設し、労働者としてイタリア人の移住を促進した（Pergher 2018: 25）。結果、一九一〇年に三％であったイタリア語話者は、一九三九年には二十四％まで拡大した。

国籍選択から第二次世界大戦期まで

さらに一九三九年には、その前年、一九三八年のナチス＝ドイツによるオーストリア併合を契機とする独伊外相間の取り決めにより、第一次世界大戦後に選択の余地なくイタリア国籍を付与されていたドイツ語話者住民とラディン語話者住民に対し、ドイツかイタリアかで国籍を選択登録することが定められた。それは、ドイツへの帰属を選択した南ティロルのドイツ語話者を第三帝国の領域内の「東方」へと移住させると同時に、「イタリア人」であることを選ばない者を南ティロルから排除する策であった。当時の南ティロルのドイツ語話者のあいだでは、ナチスによるティロルの再統合への期待が高まっており、国籍選択登録の期間中には、ナチスの支援のもと、第三帝国への帰属を呼びかけるプロパガンダが繰り広げられた。

決定から約二ヵ月で実施された国籍選択登録は、十八万五三六五人がドイツ国籍、三万八二七四人がイタリア国籍、四万三六二六人が棄権という結果となった（Cole and Wolf 1999: 60）。多数派となったドイツ選択の動機としては、「イタリア化」を推進したファシスト・イタリアへの反発、国籍選択後のさらなる「イタリア化」の進行への危惧、南イタリアあるいは植民地エチオピアへの強制移住への懸念、将来的にナチス＝ドイツが南ティロルを併合することへの期待があった（Cole and Wolf 1999: 60, 270）。なかでもイタリア国内植民地への強制移住の噂は、国籍選択において、ナチスのプロパガンダよりも大きな影響をもった（Steininger 2017: 56–7）。他方、イタリア国籍を選んだ少数派の動機としては、郷里にとどまることの優先や、カトリック信仰により、無神論的なナチへの抵抗感がファシストへの反発に勝ったことが指摘される（Cole and Wolf 1999: 61）。いずれにせよ国籍選択は、同じ言語話者のあいだにも分断をもたらした。

国籍選択登録の四年後、一九四三年九月には、イタリアと連合国の休戦にともない、南ティロルは事実上ナチスの支配下に入った。それは、南ティロルのドイツ語話者にとってはティロルへの再統合を意味した（Cole and Wolf 1999: 62）。他方、イタリア語話者にとっては外国による支配であり、ナチスとその支援を受けたムッソリーニのイタリア社会共和国の勢力圏である北イタリアを中心にレジスタンスが展開した。ただし、南ティロルにおけるレジスタンス勢力は、イタリア語話者のそれとドイツ語話者のそれとに分かれた。イタリア国内のパルチザンの全国組織である国民解放委員会に連なる前者は、第一次世界大戦後に定められたブレンナー峠の伊墺国境維持を優先したのに対し、一九三九年の国籍登録時にイタリア国籍を選択したドイツ語話者からなる後者は、「ナチファシスト」からの解放と同時に南ティロルのオーストリアへの併合を求めていた。こうした分裂により、両者にはほとんど交流もなく南ティロルのレジスタンスは総じて低調であった（Steininger 2017: 74; Bade 2007=2021: 297）。

ナショナルな共同性への「無関心」

一九三〇～四〇年代の南ティロルでは、国籍選択に典型的にみられるように、ナショナルな共同性への帰属の所在が問いただされ、その共同性に準ずることが期待された。他方、現実には寒冷な山岳地域に不慣れなイタリア人が南ティロルで農業を営むのは容易でなく、南ティロルから再移住するイタリア人も目立った。そうしたなかで南ティロルに根を下ろしたのは、ドイツ語を修得し、近隣のドイツ語話者農家に教えを乞い、彼らの価値観を身につけその助けを得たイタリア人就農者であった（Cole and Wolf 1999: 91）。また、国籍選択においても、本来その対象ではないにもかかわらず、約一万四〇〇〇人のイタリア語話者がドイツ国籍の選択希望を出して却下された（Pergher 2018: 219）。南ティロルで実施された国籍選択は、国籍だけでなく経済状況を選択する機会でもあった（Suzuki 2017: 28）。制度的に認められなかったにもかかわらずドイツ国籍での登録を申請したイタリア人には、条件のよい仕事や子どもの教育機会への期待があったと考えられる。

ナショナルな共同性への帰属をめぐる実利優先の態度は、ドイツ語話者にもみられ、ドイツ国籍を選びナチスの指示に従って他所へ移住しながらも、ひそかに故郷の南ティロルに戻る人々もあった。また、自らの所有する農地の売却契約を承諾しないことで、財産処理が未決であるとして他所への出発を遅らせる人々もあった（Cole and Wolf 1999: 61）。戦争による情勢変化もあったにせよ、一九四三年までに移住した農家は九％にとどまった（Cole and Wolf 1999: 61）。他所への移住を遅らせようとしたドイツ語話者や、よりよい生活に期待してドイツ国籍での登録を試みたイタリア語話者からは、ナショナルな共同性を生まれつき備わる本質的なものとは捉えず、その時々で実利的に活かそうとした態度がうかがえる。

また、イタリア語話者に対し、住宅や職のあっせん等の便宜がはかられていた一方、イタリア語話者内にも序列が生じていた。南ティロルのうち、もともとイタリア語話者の多かったトレントのイタリア語話者には、イタリア国内の他地域出身者に対する警戒心や、南イタリア出身者に対するよそ者的態度、時には軽蔑がみられた（Pergher 2018: 234）。こうした現象は、当時の南ティロルでナショナルな共同性が現実には均質でも水平的でもなかったことを示す。さらに、配偶者のいる女性と未成年者を除き個人単位で行われた国籍選択登録では、成人に達した子とその親の選択が家庭内で異なるケースもあった（Pergher 2018: 220）。南ティロルにおける国籍選択は、そもそもネーションへの帰属を「選択」可能なものとした点で、生得的、本質的といったナショナルな共同性をめぐる意味を根本的に掘り崩していた。国籍選択登録自体を回避したドイツ語話者およびラディン語話者も、四・三万人にのぼった。国籍選択の機会的な活用や、国籍選択の回避は、当時の南ティロルにおけるナショナルな共同性と距離をおく姿勢、そうした共同性へのある種の「無関心」を示すものといえよう。

4　凱旋門の顕彰

ファシストによる凱旋門の建設

イタリアの第一次世界大戦での勝利を顕彰し、一九二八年に完成した南ティロルの凱旋門は、ボルツァーノの中心部を流れるタルヴェーラ川にかかるタールファー橋そばに位置する。この凱旋門は、ティロルの狙撃部隊を顕彰するモニュメントを撤去した跡地に建設された（Steininger 2017: 35）。オーストリア＝ハンガリー帝国軍に属し、ティロルへのイタリア軍の侵攻を防いだ狙撃部隊は南ティロルの英雄であり、そのモニュメントの撤去は、ファシスト体制によるドイツ語話者住民に対する無言の、しかし挑発的な圧力であった。正面の上部に「ここに祖国の境界あり。武器を下ろそう。我々はここに言語と法と芸術をもたらす」の碑文が刻まれた凱旋門は、イタリアによる南ティロル支配を象徴するモニュメントである。

ファシズム下の一九二六年に議会下院で建設が承認され、当時首相であったムッソリーニが直々にデッサンしたボルツァーノの凱旋門と、それが設置された（「勝利」の意の）ヴィットリア広場は、ローマの大学都市等の設計で知られるファシズム期の代表的建築家ピアチェンティーニがデザインした（Steininger 2017: 35）。ピアチェンティーニは、ボルツァーノの凱旋門に先立ち、ジェノヴァの凱旋門の建築も担っている。いずれも第一次世界大戦を顕彰するモニュメントだが、両者を比較すると、ジェノヴァの凱旋門は、行軍する騎馬兵や戦う兵士、赤十字の看護師など、第一次世界大戦に関わる多彩なモチーフの彫られたレリーフで覆われ、アーチを備えた古典的な様式である（Malone 2018: 64-9）。それに対し、ボルツァーノの凱旋門は、ジェノヴァのそれとは異なり、正面は上部に射手座の勝利のレリーフと前掲の碑文のみでアーチのないきわめてシンプルな形状で、凱旋門の柱はファシズムの語源であるファスケス／束桿《そっかん》の形状をとり、ファシストの様式を完成させている（Malone 2018:

64-5)。そもそもの設置場所がドイツ語話者に挑発的、威圧的であるうえ、形状についてもファシスト色がきわめて強いのがボルツァーノの凱旋門の特徴である。

第二次世界大戦後の南ティロルと凱旋門

ボルツァーノの凱旋門は、ドイツ語話者住民とイタリア語話者住民のあいだに無理解を引き起こすブラックホールであったと評される(City of Bolzano 2016: 10)。第二次世界大戦末期、南ティロルを含む北イタリア地域は紆余曲折を経て「ナチファシスト」から解放されたが、第一次世界大戦後の伊墺国境は維持され、ティロルの再統合、南ティロルのオーストリア復帰はなされなかった。加えて、オーストリア政府が求めたドイツ語話者の権利擁護も緩慢にしか進まず、一九六〇~七〇年代には、南ティロルの分離独立を求めるテロ事件が相次いだ。こうした事態を受け、イタリア政府がオーストリア政府との外交交渉は脇におき、住民との対話を開始、地域の自治権を拡大してドイツ語話者やラディン語話者の権利を拡充することで事態を収拾する方向へ舵を切ったのは、一九六〇年代末から七〇年代にかけてである。

特別自治州としての自治権拡大を通し、ドイツ語話者、少数言語のラディン語話者それぞれの言語使用やそれに派生する教育や就業上の権利が確立したことは、南ティロルにおける異なる言語話者間の関係改善の起点となった。他方、それはイタリア語話者には既存の特権の喪失を意味し、無力感や不満を生じさせた(Bade 2007=2021: 300-1)。この新たな状況もまた、南ティロルに影を落とし、凱旋門は異なる言語話者の対立の舞台であり続けた。凱旋門を聖地と位置づけ、南ティロルのイタリア性を主張するイタリア語話者の右派勢力に対し、ドイツ語話者からは凱旋門の取り壊しを求める声もあがった(6)。一九七八年にはテロの標的となり、一九七九年にもテロ未遂事件が起こった凱旋門は、一九九〇年代を迎えても、一般に立ち入りや接近ができないよう警備されていた。こうした凱旋門の姿は、ファシズム下で推進された「イタリア化」の過去が依然として生々しい争点であったことを示す。

建設から数十年を経てなお、南ティロルで物議を醸し続けてきた凱旋門だが、イタリア国内の一般的な文脈においてファシズムやレジスタンスの歴史化がいっそう進んだ二〇〇〇年代に入ると、新たな展開が生じた。住民のあいだから、凱旋門が設置された「勝利」の意のヴィットリア広場の名称を「平和」の意のパーチェ広場に改称する、凱旋門を平和や民主主義のシンボルとして再解釈する提案がなされるといった動きがそれである（City of Bolzano 2016: 134-5）。こうした背景のもと、イタリア政府は二〇一一年三月、凱旋門の保全に向けた修復と、一九一九年から四五年までの南ティロルを振り返る常設の地下展示スペースの設置を決定。これを受け、政府、県、ボルツァーノ市による凱旋門の修復、改修のための委員会、さらに歴史家や美術史家による学術委員会が結成された（City of Bolzano 2016: 10-1）。欧州議会の後援のもと、先に触れた南ティロルでの解放記念日の顕彰イベント、「現代の諸レジスタンス」が始まったのも、それと同じ二〇一一年のことである。

約三年の改修期間を経て、二〇一四年七月に再公開された凱旋門には、ファスケス／束桿をかたどった柱のひとつに、その柱にはめられた指輪のようにもみえる、黒色の地にLEDライトが赤く光るリング状のオブジェが取り付けられている。このリング状のオブジェについては、ピアチェンティーニによるオリジナルのデザインを破壊するとの批判もある。実際このオブジェは後からの付け足しであることが明白で、見る者に強い違和感を覚えさせるが、まさにそのことによって、二〇一〇年代の修復がファシズムのモニュメントをそのまま肯定的に蘇らせているわけではないことを明示する効果をもつ。

加えて、凱旋門地下に新たに設置されたスペースの展示は、この建築物の攻撃的なイデオロギー的含意を取り除き、平和と和解の新たなメッセージに置き換えている（Hökerberg 2018: 323）。十三室の展示は、建築家ピアチェンティーニの生涯や凱旋門を含め彼の作品の解説にあてられた展示室と、一九一八年から四五年の南ティロルの歴史的展開を写真や図版などとともに再構成した展示室からなる。その展示では、ティロルをファシズムとナチズムの二つの独裁体制を経験した地域と位置づけ、地域内での異なる言語話者間の糾弾という性格は排されている。また、展示の名称「BZ '18-'45――ひとつのモニュメント、ひとつの都市、ふたつの独裁制」は、イタリア語のボルツァーノでも、ドイツ語のボーツェンでもなく、両言語に共通の地域の略称BZを冠することで、この展示がどちらかの言語集団に与するものではないことを示唆し、解説の言語も英、伊、独の三言語表記である。この展示は、寛容や多様性の尊重等を促進する意欲的試みとして評価され、二〇一六年度の欧州美術館賞を受賞した(7)。

先にみた南ティロルの解放記念日の顕彰イベント、「現代の諸レジスタンス」は、「ナチファシスト」の不在によって特徴づけられ、一九九〇年代以降のレジスタンスの見直しというイタリアの社会的文脈と乖離した展開を遂げている。あくまでも地域に焦点をあわせ、地域が抱える現代的な課題について、対話を通し協力して向き合うことをめざす「現代の諸レジスタンス」の顕彰のあり方からは、強力にイタリア化政策が推進され、また国籍選択を通してナショナルな共同性への帰属が問われたファシズム下においてすら、その一端が垣間見えた、ナショナルな共同性と距離をおく態度、そうした共同性に対する「無関心」に通底する態度も浮かび上がる。

「ナチファシスト」の不在に特徴づけられる解放記念日の顕彰に対し、凱旋門の展示は、第一次世界大戦後のイタリアへの併合から休戦後の事実上のナチスによる支配、その終焉にいたる一九一八年から四五年の歴史を跡づけ、想起させるものである。取り壊しを求める声もあったモニュメントを残す決定はイタリア政府によるものだが、その残し方については、県やボルツァーノ市といった地域の意向が反映された。修復された凱旋門やその展示からは、声高な糾弾を脇においてこの地域の経験を想起し、後世に残すことが選ばれたことがみてとれる。地域の未来に焦点をあわせた解放記念日の顕彰や、修復を経て、南ティロル地域が経験した過去を想起するモニュメントへと生まれ変わった凱旋門は、境界地域として困難な過去を抱える南ティロルが、異なる背景をもつ言語話者の共生に向けて、二〇一〇年代に導き出した着地点といえよう。

【注】

（1） ボルツァーノ県統計局の公式ウェブサイトに掲載されているAlto Afige in cifre 2020のデータによれば、ドイツ語話者は六十二・三%、イタリア語話者は二十三・四%、ラディン語話者は四・一%、その他は十・三%である（https://astat.provincia.bz.it/downloads/Siz_2020(2).pdf、二〇二一年十一月十五日確認）。

（2） パンサは、自著『敗者の血』の売り上げについて、二〇一三年に新装版で刊行された同書の序文で四十万部と述べている（https://astat.provincia.bz.it/downloads/Siz_2020(2).pdf、二〇二一年十一月十五日確認）。

（3） 南ティロルでの解放記念日のイベントをめぐっては、同公式ウェブサイト（https://www.piattaformaresistenze.it、二〇二一年九月一日確認）を参照した。また同イベントについては、秦泉寺（Shinsenji 2017）においても論じた。

（4） https://piattaformaresistenze.it、二〇二一年九月一日確認。

（5） 十九世紀半ば頃から、オーストリア＝ハンガリー帝国の境界地域であるティロルには、同国の都市部からナショナリストの運動家が出入りし、この地がドイツ文化圏であることを誇示していた（Judson 2006）。他方、「未回収のイタリア」を訴えるイタリアの論者は、イタリア語話者の多いトレントを含む南ティロルは、トリエステなどアドリア海側のオーストリア＝ハンガリー帝国領とともに、イタリアに帰属すべき地と主張していた。

（6） イタリア国内の他地域と比較すると、南ティロルではムッソリーニのファシスト党の流れを汲む戦後のネオファシスト政党である「イタリア社会運動」や、その後継政党である「国民同盟」は多くの支持を集めた（Bade 2007=2021: 298, 302）。

（7） 欧州美術館フォーラムの公式ウェブサイト（https://www.europeanforum.museum/en/winners/special-commendations、二〇二一年九月一日確認）を参照した。

【文献】

Bade, Klaus J., et al., 2007, *Enzyklopädie Migration in Europa: Vom 17. Jahrhundert bis zur Gegenwart*, München, Wien, Zürich, Paderborn: Ferdinand Schöningh.（増谷英樹・穐山洋子・東風谷太一監訳／前田直子・藤井欣子・鈴木珠美訳、二〇二一、『移民のヨーロッパ史――ドイツ・オーストリア・スイス』東京外国語大学出版会。）

City of Bolzano, 2016, *BZ '18–'45: One Monument, One City, Two Dictatorships: A Permanent Exhibition within the Monument to Victory*, Vienna, Bolzano: Folio.

Cole, John W. and Eric R. Wolf, 1999, *The Hidden Frontier: Ecology and Ethnicity in an Alpine Valley*, Berkeley, Los Angeles: University of California Press.

De Felice, Renzo, 1995, *Rosso e nero*, Milano: Baldini & Castoldi.

Hökerberg, Håkan, 2018, "The Past in the Present: Difficult Heritage in the Contemporary Context," Håkan Hökerberg ed., *Architecture as Propaganda in Twentieth-Century Totalitarian Regimes: History and Heritage*, Firenze: Edizioni Polistampa, 311-36.

Judson, Pieter M., 2006, *Guardians of the Nation: Activists on the Language Frontiers of Imperial Austria*, Cambridge: Harvard University Press.

Luzzatto, Sergio, 2004, *La crisi dell'antifascismo*, Torino: Einaudi.（堤康徳訳、二〇〇六、『反ファシズムの危機――現代イタリアの修正主義』岩波書店。）

Malone, Hannah, 2018, "Marcello Piacentini: A Case of Controversial Heritage," Håkan Hökerberg ed.,

Architecture as Propaganda in Twentieth-Century Totalitarian Regimes: History and Heritage, Firenze: Edizioni Polistampa, 59–79.

Pansa, Giampaolo, 2003, *Il sangue dei vinti: Quello che accadde in Italia dopo il 25 Aprile*, Milano: Sperling & Kupfer.

———, 2005, *Sconosciuto 1945*, Milano: Sperling & Kupfer.

Pergher, Roberta, 2018, *Mussolini's Nation-Empire: Sovereignty and Settlement in Italy's Borderlands, 1922–1943*, Cambridge: Cambridge University Press.

Schulte, Felix, 2020, *Peace through Self-Determination: Success and Failure of Territorial Autonomy*, Cham: Palgrave Macmillan.

Shinsenji, Yuki, 2017, "Memories of Resistance in the Alpine Borderlands: The 70th Anniversary of Liberation in Bolzano," *Quadrante*, 19: 17–21.

Steininger, Rolf, 2017, *South Tyrol: A Minority Conflict of the Twentieth Century*, London & New York: Routledge.

Suzuki, Tamami, 2017, "Local Reactions to Option in South Tyrol: Reconsidering Nationality in Local Society," *Quadrante*, 19: 23–30.

Vivarelli, Roberto, 2000, *La fine di una stagione: Memoria 1943–1945*, Bologna: il Mulino.

第4章 戦争体験と「経験」
――語り部のライフヒストリー研究のために

清水亮

1 戦争体験者が語り部に〝なる〟――語りの「場」の歴史性の解読

戦後七十六年を経てなお、日本社会において戦争体験は継承すべき価値を認められ続けている。しかし、各地の学校・平和博物館等で講話・講演を行ってきた高齢の戦争体験者は続々引退し、非体験世代への交代が加速している。

そもそも、戦争体験を継承する諸形式のなかで、講演形式で自身の戦争体験を語り伝える語り部は、どのような特性をもつのか。たとえば個人が書く戦争体験記や、証言の録画・録音では、個人の戦争体験は、個人の身体を離れて、死後も伝えられる情報となる。これらのメディアへの記録に対して、語り部は体験者個人が語るというパフォーマンスを通して目前の聴衆へ戦争体験を伝えるため、語り手と聞き手が同時的・直接的に結びつく。この現場性について、ライフヒストリー調査における「口述の現場性」(佐藤 [1995]2011: 141, 156–60) をめぐる佐藤健二の議論を手がかりに考えてみよう。

「口述の現場性」の第一の含意は、語りが行われている現在の現場における、語り手と聞き手とのミクロな相互作用への着目である。実際多くのライフ〝ストーリー〟研究が被爆者等の語り部を分析してきた。ただ、語り部は「複数の聞き手に対して事前に準備したストーリーを語る」(向井 2012: 50) という特徴は、その場における聞き手との即興的な相互作用を限定的にする。また、たとえば「多くの語り部による語りは「核廃絶」「平和教育」あるいは「被爆体験」というマスターナラティブやモデルストーリーを規範としたリアリズムの語りであり、ポストモダニズムの論者が念頭においている〈言いよどみ〉や〈躓き〉あるいは〈沈黙〉を聞き取ることは困難」(高山 2007: 27) というように、ストーリー内容に着目しても定型性が目立つ。

しかし、佐藤 (2008: 7-8) は、現場性の「第二の含意」として、語りの「場がマクロな意味でも固有の位置をもっている」「調査が行われている場それ自体が歴史的・社会的な固有性をもっている」ことにも注意を促していた。つまり、「調査者と被調査者としてあらわれる二つの主体の、双方に作用する歴史までふくめて、口述の現場は一定の歴史性を帯びた場所なのである」(佐藤 [1995] 2011: 160)。この第二の含意はあまり伝わらなかったと佐藤本人は書き、あるいは現在性に近い「現場性」よりも「場所性」という語を用いるべきだったかとも述べている (佐藤 2008)。本論は、語りの「場 (場所)」を成立させる「固有」の「歴史性」に着目する第二の含意から、ライフ〝ヒストリー〟研究の可能性を探ろう。

まず注目すべきは、語り手が様々な聞き手・聴衆の期待・ニーズに応じて語りを反復してきたこと、つまり口述の活動自体が分厚いヒストリーをもつという語り部の「固有の位置」だ。語りの反復は、定型性にもつながるが、主体が自身の語りのストーリーを反省し変化・改良させていく契機でもある。さらにいえば、気が置けない家族や友人や調査者に対して体験談を話す・しゃべることとは異なり、講演の語りは不特定多数の公衆の面前で演じられるパフォーマンスであるがゆえに、主体が語りを遂行する〝能力〟も問われ、反復のなかで熟練していく。それゆえ、語り部=体験者、すなわち体験者ならば誰もがすぐに語り部になれる、という先入見は相対化しておこう。語りをくりかえす個人の主体性は、動機等の心理的次元のみならず、継続的活動を導き支える、能力や資源の蓄積（後述する「経験」）に関する個人生活史から解読する必要がある。

他方で、語り部が活動する公共的な「場」は、聞き手となる聴衆が現前しなければ成立しえない。つまり社会が、他でもなく特定の戦争体験に、あるいは特定の個人に、価値を見出すことを前提とする。全ての種類の戦争体験に平等に価値が付与されるわけではない。ゆえに特定の戦争体験（者）に価値を付与し「固有性」を成立させた、歴史的・社会的構造の解読が目指される。

以上を踏まえると、語り部のライフヒストリー研究において焦点化されるのは、語りの内容自体や個別の現場の相互作用よりも、生活史のなかで語り部に〝なる〟過程だ。[1] 戦争の語り部は、特定の戦争体験に対する構造的な価値付与を背景とする聴衆と、講話をくりかえし行う能力をもつ主体が現前する「場」において成立する。つまり特定の個人が語り部に〝なる〟現象は、「個人というフィールド」における「分厚い記述」（佐藤［1995］2011: 146-8）の対象となる、社会的事実なのである。

本論は、生活史研究のなかで、生涯の経験の歴史、物や技術との関わり、戦争などのマクロな社会史と個人生活史の関わりといったトピックに着目して「個人が社会構造や社会変動とどのようにかかわっているかを再び生活史の事実の側面から捉え直していこうという立場」（有末 2012: 57）に位置する。特に語り部となった戦争体験者の生活史からは、戦時期以上に、戦後そして現在にいたる諸構造の重なりとその変動がみえてくるだろう。

以上を踏まえ、「個人というフィールドにおいて作用する社会の重層的な効果の発見」（佐藤［1995］2011: 161）を試みよう。具体的には、筆者がインタビュー・参与観察をしてきた茨城県阿見町在住の海軍飛行予科練習生出身者のなかで、対照的な経歴から語り部となった二人を比較・考察する。[2] 二節で二人の戦後の生活史を概観し、三節で二〇一〇年代の調査時点の語り部活動について考察する。

2　戦後の生活史における対照的な価値付与

軍人というキャリア、戦友会・自衛隊という場

一人目は、一九二五（大正十四）年、山形県の農家の五男に生まれたYさんである。彼は海軍出身の教師の薦めにより高等小学校から予科練を志願し合格した。一九四〇年十二月、（高等小学校卒業以上を志願資格とする）乙種十五期生として入隊する。入隊者数は六二八人で、最終的に同期の戦死率は七十一％にのぼる。二年九ヵ月の予科練教程を卒業した後、九人乗りの大型飛行艇の操縦員の一人として、夜間の索敵・船団護衛任務に就き、台湾沖航空戦の際には乗機が敵艦隊を発見し連合艦隊司令長官から「感状」を受けた。一方で、レイテ沖海戦が終わった時には部隊の八割が未帰還というような過酷な戦場を生き、仲の良い飛行練習課程時代のペアと戦場で再会した直後に死に分かれる体験もした（『翔ぶ』六頁）。インタビューでも、「友達が、一緒にテーブルでごはん食べていた友達が、お前今日行くのか、ああ今日だ。じゃあ俺明日だな、じゃあ行ってこいやって。そいで別れたきり帰ってこない人が多いんですよね。ですからそういったことを考えて私悲しんでおるんですが（二秒ほど沈黙）」（2015/6/25）と、しばしば言葉を詰まらせる。なお特攻に関する体験はない。

くしくも二十歳の誕生日が一九四五年八月十五日だった。復員後に勤めた山形の工場は倒産し、妻子抱えた身で退職金六万円を魅力に感じて警察予備隊に志願し、予科練の経歴もあって採用される。航空自衛隊からの勧誘もあったが断り、陸上自衛隊の幹部自衛官となり総務畑を歩む。北海道、群馬、静岡と転勤し、一九六五年夏に予科練時代を過ごした土浦海軍航空隊のあった阿見町の陸上自衛隊武器補給処に転勤した。おりしも土浦海軍航空隊跡地の陸上自衛隊武器学校に予科練之碑が建立工事中（一九六六年除幕）の時期だった。すでに予科練乙種の戦友会の会員にはなっていたが、予科練之碑保存顕彰会の現地事務局がYさん宅に置かれ、現地常任理事を引き受ける。やがて遺族などから集めた遺書・遺品を展示する雄翔館の建設が進み（一九六八年開館）、付近の自衛

隊駐屯地の予科練出身自衛官三十名ほどとともに、遺書・遺品の整理ならびに展示の製作も行った。阿見町に家を持ち、定年まで勤めたが、手記には「自衛隊勤務二十五年よりも海軍の五年が永く感じる」（『翔ぶ』二頁）と書かれている。

こうした経緯のなかで、雄翔館の開館後にYさんは語り部といえる活動を担った。遺族や国会議員や県知事等の特別な来訪者が来た際に、武器補給処から武器学校へ駆け付け、地域の予科練出身者として案内した。彼は、自衛隊の広報担当者の雄弁（清水 2017: 37）とは対照的に、「何かご質問がありましたならばお答えしますが、私からは、まあこんなところですよってね。でこれは何ですか、これは何ですか、って言われた時には、こうはこうです、これはこうですと説明しましたが、どうだこうだという戦況、戦況はお話しできないですよね」「私の知っている限りで説明申し上げますが、私は残念ながら、魚雷艇だとか、なんだかああいった特攻兵器のことはよくわからない」（2015/6/25 以下同様）という控えめな態度だった。マクロな歴史状況を説明したり、他の人々の体験を代弁したりすることはない。

図1　インタビュー時のYさん(3)

Yさんの心に残るのは、しばしば泣き崩れる遺族との出会いだった。展示された遺書を案内すると、「（遺族は）ああ、あった！っていって。そしてね、（このあたりから涙声）その人の名前を呼んで、しゃがんでしまうんですよ、こうやって。（涙声鎮まる）その姿を見たときにね、そりゃ誰だって泣きますよね。私だけじゃないと思います」。しばしば彼は「求められて記念館の説明をすることがあったがいつしか嗚咽になりどうしても説明を続けることができない」（『翔ぶ』八頁）というような、知識の伝達者ではなく、共感者でもあった。一般の来訪者に対しても、自身の語りよりも展示を見てもらうことを優先した。しいていえば先述の遺族の来訪のエピソードを一般来館者にも語ったうえで彼なりのメッセージを伝える。「私も一緒に泣きながらここでお話をさせていただきましたと。どうかみなさまもよろしく、ご慰霊のほうをよろしくお願いしますというのが私のほとんどの説明というよりもお願いといいますかね」(2015/6/25 以下同様)。

あくまで記念館の主役は自らが整理し展示した遺品・遺書であり、生き残りの語り部は寡黙で、ときにともに涙を流す。展示には、Yさん自身が遺族から展示のために提供してもらった、同郷の予科練出身の特攻隊員の遺書もある。控えめな語りの背後には、強烈な生き残りの負い目がある。「予科練の出身者っていうよりも予科練の死にぞこないなもんですから、亡くなった同窓生に対して申し訳ないっていう頭あるから、私は予科練出身者ですよなんて言いふらしたこと一度もない」「だって戦争は負けたんだもの。負けた人が帰ってきて何をしゃべったらいいかということですよね」。

しかし、語ることへのためらいをもちつつも、新聞等のマスメディアの取材の依頼にも長年数多く応えてきた。Yさんにとって与えられた役割の誠実な遂行は、軍隊時代以来のハビトゥスだった。「自分たちは命ぜられたこと、自分の任務を一生懸命やること、それきり頭にないから非常に視野が狭い。それでそういう運転員（飛行機の操縦員）だから、馬車馬と一緒で、馬車馬は言う通りに行くだけですからね」と彼は語る。また「Yさんは真面目くさって、操縦桿を、じいっと見つめてる。あの真面目な顔が、絶対崩れない。あの顔が今でも忘れない」(2016/4/14) と戦友に言われたそうだが、Yさんがインタビューや講演の場で語る時の姿勢もそのままだ。

以上のように、Yさんは、戦後社会においても例外的に兵士の戦争体験に価値を見出す戦友会や自衛隊という場（具体的には両者が管理する雄翔館）で、語り部となっていた。

教師というキャリア、学校という場

二人目の戸張礼記さんの生活史にとって重要な場は学校であった。戸張さんは一九二八年に君原村（現阿見町）に次男として生まれた。父は小学校の校長も務めた教員で、経済的余裕もあり旧制中学へ進学した（長兄は大学、姉は師範学校に進学）。しかし、父の急死もあり、予科練へ志願する。(4) 一九四四年六月に（旧制中学在学者を志願資格とする）甲種十四期に入隊する。戦争末期の大量採用により同期入隊は実に約四万人にのぼり、戦死率は約一％で、戸張さんも旧知の戦友の死は体験せずに済んだ。

予科練の課程を卒業する前に予科練教育は中止となり、飛行機に乗ることさえないまま青森県で肉弾攻撃訓練中に終戦を迎える。自身で掘った、タコ壺と呼ばれる直径一メートルほどの塹壕に潜んで、上陸してくる敵戦車の下に爆雷を抱えて飛び込む「もぐら（土竜）」と呼ばれる「特攻要員」だったという。

復員後一九四七年に茨城師範学校に入学し、三年後に卒業。理科教師として舟島村（現阿見町）の中学校に赴任し、退職まで三十九年間勤めあげ、最後は竹来中学校（阿見町）の校長も務めた。

戸張さんによれば、君原村という田舎から地方都市の旧制土浦中学へ通ったが、「山猿」で「街場の子」とうまく溶け込めず、「おずおずしてて引っ込みじあん」で、「いるんだかいないんだかわからないような無口でおとなしい」人物だと同級生から思われていたそうだ。しかし、人前でしゃべる学校教員を職業としたことで、「教師やることで生来のコミュ障を克服していった」、ゆえに「農家の百姓なんかやってたら語り部なんてできなかった」と語る。(5)

教員時代には、竹来中学校校長の時に郷土史クラブの生徒からインタビューを受けたことが一度あった以外は、予科練について語ることはなかった。戸張さんは、初対面の際に筆者に対して「軍人の身分は隠している状態でしたね。〔……〕四十年の間学校で戦争の話をしたことなかった」（2013/3/6）と語っており、予科練について語りたくても語れなかったという抑圧されたような意識がある。別の機会には、「戦後帰ってきたら、おまえらがしっかりしねえから負けたんだあって言われたりよ。それから、予科練崩れなんて言われたり、特攻崩れなんてのも言われたりしたよな。そういう世の中になっちゃったんだよ」（2013/6/18）と語っている。元兵士たちは敗戦の責任を問われ（吉田 2011）、原爆や空襲などの市民の戦争体験とは対照的に、兵士の戦争体験は戦後社会において孤立していた（野上 2011）。自ら志願した軍人への否定的なまなざしは、戦後民主主義のフォーマルな理念を体現した学校（竹内 2011: 73-83）という場において特に強かっただろう。

退職後は、隣の美浦村で一九九八年まで教育委員会の社会教育指導員と教育相談員を務めるが、高齢者学級で八月の教材に予科練のことを一度取り上げただけである。戦友会についても、予科練時代の同じ班の単位の同窓会には参加していたが、Yさんが携わっていた予科練の全国規模の戦友会への入会は遅く、戦友会内で大きな役割を担ってきたわけではない。

以上の二人の生活史からは、戦後社会において長らく、戦友会という場と、学校という場との間で、元兵士の戦争体験の価値づけについて、大きな落差・断絶が存在してきたことがうかがえる。

3 地域で語り部になる

二節でみてきた戦友会・自衛隊と学校という場に加え、二〇一〇年代以降には、もう一つ予科練出身者が語り部となりうる場が生まれた。二人の住む阿見町がつくり、二〇一〇年に開館した予科練平和記念館である。「予科練のまち」と銘打って観光まちづくりに取り組むなかで、町内の学校の平和学習でも、地域の戦争に関する歴史として予科練が積極的に取り上げられるようになる。これが、地域の予科練出身者に対して、戦友会・自衛隊とは異なるかたちで、戦争体験に価値を付与する構造となっていく。

ここで注目すべきは、二〇一〇年代の予科練平和記念館や町内の学校で、予科練出身者の語り部としてくりかえし講演を行う、いわば阿見町の予科練出身者を代表する顔となったのは、予科練課程を卒業し過酷な戦場体験を持つYさんではなく、予科練課程卒業もかなわなかった戸張さんであったことだ。なぜ戸張さんが地域の主要な語り部となりえたのだろうか。

「教育者」タイプの語り部

語り部になる前段階として、戸張さんが予科練平和記念館の役職につく過程をみよう。予科練のまちづくりの構想に先立ち、地域と軍隊の関係史に特化した自治体史『阿見と予科練』（阿見町 2002）が刊行されているが、ここで予科練出身者の証言コーナーに戸張さんが筆頭で掲載されている。甲十三期出身で町議会議員を務めた別の人物も掲載されているが、Yさんは掲載されていない。同書の「あとがき」には「約一年強の超スピード」で編纂されたとあり、おそらく、地域のネットワークの周縁にいたYさんにまで依頼が辿りつかなかったのだろう。

これに対して戸張さんは、開館に先立って郷土史家たちとともに歴史資料を調査する資料収集委員に任命されている。資料収集委員（現：歴史調査委員）のなかでは現在にいたるまで予科練出身者は、戸張さんただ一人である。彼以外の予科練出身者は講演イベントへの登壇者として、館の外部から依頼・招待される。このように館の一員になった経緯をみていくと、地元の中学校の校長を務めたというキャリアを背景とした地域社会における威信やネットワークが作用しているとみてもよいだろう。

重要なのは、館に属する予科練出身者となって以降、戸張さんが平和学習の講演において主体的に語りのパフォーマンス能力を高めていく過程である。

戸張さんは、初めての依頼された講演では、ひたすら口頭のみで、「自分のその体験した、入隊の様子だとか、訓練の様子、特にこんな訓練をやったというようなことで、えー、それで、最後まで特攻まで言わなかったたな

図２　講演する戸張さん
（2014年2月26日予科練平和記念館ラウンジ）

あ」（2013/12/4　以下同様）という、自身の体験中心の語りを行った。しかし、これは完全な「失敗」に終わってしまう。聴衆は中学生で、「予科練て何かわかんねえ。全然知らねえんだよ。だから、予科練とは何かというところから最初から話しないと。もう時間はくっちゃうし、なかにはもう〔……〕眠っちゃって、ろくに話を聞かねえようなそういう様子が見えたから」という有様だった。重要なのは、ここで戸張さんが、体験者に敬意を払わない生徒の無礼に憤るのではなく、知識をもたない生徒たちの立場に立って自身の語りのパフォーマンスを反省したことだ。

このような態度の背景には、戸張さん自身が元学校教師だったという生活史がある。彼が職業としてきた学校教育は、知識を持たず、関心もあるとは限らない聴衆に対して、自身も体験していない知識を教える営みである。その後の語り部としての講演の改善を支える動機は、彼の職業上のエートスに支えられている。ゆえに自身の体験談を語るのみならず、むしろ講演において「何をポイントに話したらいいか」を考え、最終的に「命の尊さ、平和の有難さ、そして生かされているということへの感謝」等からなる「予科練の教訓」と題された平和学習に対応したメッセージを盛り込むようになる。語りの内容もアップデートされていき、聴衆の年齢層や属性（老人クラブか青年会か自衛隊の研修か）にあわせてアレンジされた様々なバージョンが作られていく。

さらに戸張さんは、雄弁な口頭表現[6]のみならず、パワーポイントのスライドという視聴覚教材を活用する。戸張さんは「教員時代に、視聴覚教育研究会の会長などを務めていたから、もうスライド作成は生涯の趣味」であり、日本視聴覚教育協会全国自作視聴覚教材コンクール文部大臣賞の受賞を誇りにしている。八十代後半の年齢で、ノートパソコンを操り自身で講演スライドを作ってしまう。写真を貼り付けるばかりではなく、音声や動画を埋め込むほどのスキルをもつ。

向井良人は、「インタビューにおいて聞き手の耳目は語り手のライフストーリーに合焦するが、〈語り部〉の話を聞く際には聞き手の耳目はそのライフストーリーを可能としている記憶の舞台に合焦する」（向井 2012: 50）と指摘する。向井は歴史的出来事の痕跡が刻まれた遺跡などを想定しているが、戸張さんにとってスライドは、自身が人工的に創り上げた「記憶の舞台」なのである（しかもポータブル）。

図３　戸張さんのスライドの一例(7)

語りの内容をみても、自ら予科練の歴史を俯瞰的に整理して語る。ストーリーの全体構成の特徴は、自身の体験語りの少なさである。たとえば小学生に対する約三十五分間の講演（2013/12/4）では、自身についての語りは約九分間にすぎない。「罰直」と呼ばれた体罰の体験も、わかりやすさを重視して、一九六八年公開の東映製作映画「あゝ予科練」の罰直シーン（約三分間）や、再現製作した「軍人精神注入棒」のようなモノを用いる。予科練平和記念館には罰直の展示がないなかで、自ら独自の展示空間を形作る。

特攻体験についても、戦場にいたわけではないが、死を前提にした肉弾攻撃訓練をした戸張さんは、「これが俺の墓穴《はかあな》」「墓穴《ぼけつ》を掘るというが、そういう思いでした」（2014/9/7）といい、死を予期し

図4 戸張さん作成のDVD(9)

た戦争の暗さ・やりきれない絶望感を感じさせる体験談ができる。しかし、語りのクライマックスは、自身の体験ではなく、出撃戦死した特攻隊員の遺書をスライドに映して、予科練の「先輩」たちの「真情」を代弁するものである。たしかに戦死した先輩たちの代弁は「おこがましい」「でしゃばりすぎる」(2013/6/18)という自省の念も抱く。しかし「このまま、この、歴史と言う事実がね、知らないで、消えてしまったのでは、先輩に申し訳ないと。先輩の死が無駄死にになってしまう、と。あの世へ行って先輩に合わせる顔が無い」と思い、Yさんとは異なり、死者への思念は、語り部活動を促すものとして語られる。

戸張さんは予科練出身者だから歴史を知っているとは考えず、書籍等も読んで歴史を自ら学んでいく。学芸員や歴史調査委員の助力・助言も受ける。同僚の歴史調査委員は、戸張さんについて、「頑固者」ではなく、「(同僚が) アドバイスしているのを素直に受け入れる」「学習をしている」タイプの人間であり、「ある種の教育技術」を持っていると評する。(8) このような戸張さんの語りは、沖縄の語り部「平和ガイド」を論じた桜井厚の概念によれば、語り手の実際の体験そのままに近い〈体験的〉語りではなく、「その後のさまざまな考え方や価値観、文献や資料をもとに再構成してきた〈経験的〉語り」(桜井 2009: 94)としての性格が強い。これを主体よりも社会構造の側からみれば、〈経験的〉語りを豊かに構成しうる人物が、語り部として見出され、任されているともいえる。

戸張さんは語り部活動に、依頼された職務をはるかに超えた自発的な努力を投じる。来館者の多い休日に、自主的に第七展示室「特攻」で映像上映の合間に短い講話を終日くりかえし行っていたこともあった（2013/8/17）。二〇一五年の講演回数を数えると七十一回（約五日に一度！）にのぼったという（2016/5/11）。最終的には動画編集ソフトを駆使して「私がいなくても、これを教材にして授業に使えるように」、自身の講演用スライドに、ナレーションや動画を加えた一つの簡潔な映像教材もつくった。語り部はもはや生きがいである。それは戦争体験自体のみならず、次世代を育てていく学校教員としての戦後の経験が可能にし、促している。

「証言者」タイプの語り部

戸張さんが語り部となる方向性は、平和学習のように予科練や戦争をよく知らない聴衆と対応している。これに対して、予科練を知る者が訪れるのが雄翔館という、解説板もなく遺書・遺品が並べられた慰霊空間であった。そこでは説明的な口調はかえって感傷的な共同体の形成にとって邪魔であり、自身の体験以外は知りえないという、Yさんの朴訥《ぼくとつ》な語りに価値が生まれた。Yさんは自身の体験には強いこだわりがあり、たとえば予科練の象徴となる七つ釦《ボタン》の制服導入以前の水兵服時代に入隊し、特攻隊にならずとも命がけで任務に献身した自身の体験から、「予科練っていったならば七つボタンに特攻隊か。そうじゃないですよ本当はね」（2015/6/25）と、世間に流布するイメージに反発する。

そのYさんも、イベントの講演会というかたちで少なくとも二回、予科練平和記念館で登壇している[10]。講演タイトルは、戸張さんの「語り継ぐ　知られざる予科練」等とは対照的で、「予科練と私」である。学芸員と事前に打ち合わせた台本、具体的には聴衆へ配布される簡単な目次が書かれたレジュメと、背後のスクリーンに学芸員が映しだす写真に沿って、語りは方向付けられて進む。たしかに型にはめられる窮屈さは否めず、予科練の制度等に関する歴史知識の説明はなめらかではない。しかし、学芸員が用意した模型飛行機を動かしながら自身が体験した飛行機の操縦について語る時は饒舌で、初めての単独飛行の喜びや宙返りの心地よさを生き生きと語る。

図５　初飛行で搭乗していた練習機の模型を持って講演するＹさん

フロアからの質問タイムになると、語りだすと止まらず一つの質問から十分以上も話を続けていることもあった。

講演の身振りも、模型で説明する時以外は、視線は手元のレジュメに落とし、特に実戦の体験談の際は時折目をつぶりながら訥々《とつとつ》と語る。その姿はつねに聴衆を見渡す戸張さんとは対照的だ。戸張さんが毎回予科練戦友会のグッズで「NAVY PILOT」と書かれたキャップをかぶって体験者として自己呈示するのに対して、Yさんは筆者へのインタビューでも講演でも予科練を象徴するものは一切身に着けていたことがない。体験談自体が体験者であることを雄弁に物語る。講演後に、ある参加者が本人に向けて言ったように「歴史の証人」なのだ。

参加者は五十人ほどだったが、地域外からわざわざイベントに足を運ぶ、予科練等に関する知識の豊富な人が多く含まれていたようで、熱心に聞き入っていた。終了後もYさんは代わる代わる寄って来る熱心な参加者に囲まれて、たとえば雄翔館では涙が出ると語る女性と長く話し、ツーショットと本へのサインを求める男性に応じたりしていた。筆者が帰りのバスで一緒になって話した参加者も、戦史に関する知識や元日本兵の話を聴く経験が豊富だった。予科練に詳しい聴衆に語るという点で、特別講演は、戦友会の雄翔館と類似した場だったといえよう。

以上みてきたように、相異なる生活史的背景をもつ二人のパフォーマンスは、対照的な二つの聴衆に対応し規定されている。一方で、教師として生徒に理科を教えてきた戸張さんは、予科練や戦争に関する知識が少ない聴衆のニーズに基づいて「教育」を行っていた。他方で、予科練をよく知る共同体で体験談を語ってきたYさんは、知識が豊富な聴衆のニーズに対応して、生き残りの体験者のアウラを感じさせる朴訥な「証言」を行っていた。

前者を「教育者」タイプの語り部、後者を「証言者」タイプの語り部、と類型化できよう。きっと語り部に〝なる〟形態は、この二種にとどまらず多様でありうる。とはいえ、誰もが自在に様々な形態の語り部になることは難しい。特にYさんのような、体験の深さ・重みを言外にも感じさせる「証言者」タイプの語りは、体験者とともに失われていくものだろう。

4 「経験」の可能性

二人が語り部になった過程について考察しよう。第一に、戦争体験者に価値を付与する社会構造について以下のようなマクロレベルの構造の変動がみえていた。

一方で、Yさんという「フィールド」からみえたのは、戦後否定視された元兵士の戦争体験であっても、戦友会という体験者の共同体（高橋編 1983）において一定の価値を見出されてきた戦後史である。しかし、二〇一〇年代には戦友会の関係者・遺族という聴衆は縮小し、戦争体験をもたない世代の「趣味的関心層」（ミリタリー・カルチャー研究会 2020）の聴衆が存在感を増すという構造変動がみえてくる。

他方で、戸張さんという「フィールド」からみえたのは、教育の場＝学校においては、市民の被害体験が支配的であったがゆえか、元兵士（しかも自ら志願した）の予科練出身者が語る機会をほとんど得なかった戦後史である。しかし、教育の場が徐々に、市民の戦争体験のみならず、兵士の戦争体験にも価値を見出していく構造変動のなかで、戸張さんは語り部として活躍していく。それは、戦争体験者が希少になった日本社会レベルの変動の反映である以上に、予科練が地域固有の歴史として資源化されるというローカルなレベルの構造変動も強く作用している。この構造変動がなければ、平和学習の語り部として見出されたのは、より戦争の悲惨さを直接的に伝えやすい戸張さんの妻——阿見町の予科練・土浦海軍航空隊を狙った空襲で重傷を負い祖母を亡くし、戦後は教員となる——であったかもしれない[(11)]。

第二に、語る主体についてみれば、職業キャリアを中心とした生活史によって、各主体の語りのパフォーマンスは特定のかたちで可能になると同時に規定されている。農家か教員かという出身家庭や、自衛官か教師かという戦後の職業キャリアが語りの場に作用し、語り部の「固有性」を形作る。筆者はかつて、おおむね主観的意識を指す「体験」に対して、「経験」を「一定期間の状況下における主体への資源や能力の累積的蓄積」を指す用語として提案した(清水 2018: 409-10)。この概念を用いるならば、戦争の語り部において、生き残りの負い目の意識などの「体験」自体は、戸張さんのように語りを促す「動機」にも、Yさんのように語りを控える「動機」にもなりうる両義的なものである。これに対して、特に戸張さんが「教育者」タイプの語り部となるうえでの「達成方法」を構成していたのは、戦後の人生におけるスキルやネットワークといった「経験」の蓄積であった。

それはライフコース研究のように教師や自衛官といった職業経歴のカテゴリーで単純に処理できるものではない[(12)]。むしろ戸張さんが小学生の頃(一九三〇年代)からカメラに親しみ(2013/12/4)、飛行機の操縦技術の習得を目指して海軍予科練に志願し、戦後の理科の教員時代も当時最先端であった視聴覚教育に熱心に取り組んでいた、といった表現技術に対するリテラシーの生活史における獲得を視野に入れねばならない[(13)]。

もちろん以上二点は独立ではない。Yさんも戦友会の記念館や取材で語りをくりかえしてきた「経験」がなければ、町の記念館での講演の依頼に応えていたかはわからない。戸張さんの「特攻」を含む戦争体験は、依頼の際にも、「経験」と同様に考慮されていると思われる。「個人というフィールドにおいて作用する社会の重層的な効果の発見」(佐藤 [1995]2011: 161) のために重要なのは、各場からみえる戦争体験に価値を付与する構造と、生活史において蓄積されてきた主体の「経験」の結びつきやせめぎ合いの記述である。

もはや戦争の語り部が戦争体験者であることは自明ではない。ポスト戦争体験時代（蘭ほか編 2021）を見据え、非体験世代の語り部養成が始まったのも二〇一〇年代だ。たとえば広島市では二〇一二年度から応募者から選抜した非被爆体験者に三年間研修を施して語り部を養成し始めたが、そこには「学識者から原爆投下の時代背景や被害の実相を学んだり、アナウンサーから話し方を教わ」ったりすることも含まれる[14]。このような知識（＝資源）や技術（＝能力）は、戦争体験者の戸張さんも身に着け活用してきた「経験」である。体験を持たない限界を自覚しつつも、各主体が生活史のなかで蓄積してきた「経験」に基づき独自のパフォーマンスを構想し、語り部に〝なる〟、そのような継承の可能性を戸張さんは教えてくれている。


【謝辞】

ときに四時間近くにわたるインタビューにご協力くださったYさん、八年以上幾度となくお世話になってきた戸張礼記さん、赤堀好夫さんはじめ予科練平和記念館歴史調査委員・学芸員の皆様に心より御礼申し上げます。二〇二〇年暮れに九十五歳で永眠されたYさんのご冥福をお祈りいたします。

本論の原型は戸張さんを主人公とした卒業論文「記念館における歴史語りの上演と生成——語り部の社会学的研究」（二〇一四年）である。本研究はJSPS特別研究員奨励費16J07783および20J00313の成果である。


【注】
（1）民俗学の川松あかりは、新聞記事の調査から、語り部自身による「「語り部になる」経験の語り」へ着目を促して

いる（川松 2018: 22-3）。

（2） インタビューの引用は「(年/月/日)」と表記する。Yさんはインタビュー時の希望に従い匿名とする。図1〜5の写真は掲載に際し、戸張さん、故・Yさんのご子息、予科練平和記念館の許可を得た。文書資料として、『等身大の予科練』（常陽新聞社 2002）の二人の記事や、新聞記者が手伝ってまとめたYさんの私家版手記『翔ぶ』『予科練と私』を参照している。その他の地域内の予科練出身者や戦争体験者にも随時言及し、語り部にならない戦争体験者という第三のカテゴリーの人々も視野に入れる。

（3） 二〇一五年六月二十五日予科練平和記念館ラウンジにて。ご子息が描いた、Yさん搭乗の飛行艇の絵とともに。

（4） 経済的な困難のなかでも社会的上昇移動のアスピレーションは強く、「予科練に行くことは成功への道筋だった。立身出世主義の時代だった、いかにして身を立て出世するか、そのために競争をやっていたわけだから」(2015/6/3)と語ったこともある。ただ、学費無償の軍学校にもランクがあった。二〇一四年九月七日、毎年恒例の大学院ゼミ合宿のエクスカーションで戸張さんに講演していただいた際、質問時間に佐藤健二教授が、父は陸軍士官学校出身のパイロットだったと明かすと、「土浦中学（の優秀な生徒）は、海兵や陸士を目指した。予科練は成績悪いほう」と語った。なお佐藤教授の父博も、（博の）父と祖父の死を背景に旧制中学一年の際に陸軍幼年学校を受験・入学し学費無償で中等教育を受けた（佐藤 2019: 154）。佐藤博の生活史は私家版『航跡雲』（佐藤／佐藤編 2008）にまとめられているが、その「個人の社会学」としての意義については内田隆三（2015）を参照。

（5） 二〇一四年二月二十六日のフィールドノーツより。阿見町の飲食店で歴史調査委員（後述）の皆さんから卒論の完成祝いに昼食をごちそういただいた時の発言。

（6） もちろん元教員としてオーラルな語りのスキルも高い。町の小学生六十名前後への講演の途中に、戸張さんはおもむろに次の話を始めた。「みなさんは来年、竹来中にいくでしょ、私は竹来中学校の、校長をやっていて辞めました。（生徒ざわつく）ちょうど平成元年です。竹来中学校の校長やめるの。まあ、ね、もっと若ければ、みなさんと一緒に竹来中のほうで勉強したかもしれないんだよ（微笑）」（2013/12/4）。講演後に訊ねると、戸張さんは居眠りしていた生徒を発見し、自身の話が飽きられてきたことを察して、とっさに生徒の気を惹く語りを展開したという。

（7）二〇一三年六月十八日に提供いただいたパワーポイントのデータファイルより。

（8）二〇一四年二月二十六日のフィールドノーツより、戸張さん離席中になされた、赤堀好夫氏の発言。

（9）二〇一四年二月二十六日に見せていただいた、十分間のダイジェスト版。背景は予科練平和記念館と戦友会が建立した予科練之碑。

（10）以下の記述は二〇一九年十二月十四日の講演会（九十分間）に筆者が参与観察を行った際のフィールドノーツに基づく。他に二〇一八年六月十八日にも講演会があった。

（11）彼女の証言は予科練平和記念館の第六展示室「空襲」で放映されているほか自治体史（阿見町 2010）にも掲載されているが、講演は二〇一三年十一月二十七日「女性が語る戦争」のみである。「（講演スケジュール通りの）一時間半ぴったりで終わらせて、さすが先生やってたからと言われた」そうで、語りの能力の高さがうかがえる（2016/5/11）。

（12）自衛官という職業キャリアの意味も、生活史のなかで多面的に掘り下げうる。たとえば、戸張さん以外の歴史調査委員の元自衛官たちをみると、地元の陸上自衛隊武器学校等で教育にあたったり、広報担当者として駐屯地内の史跡を案内した経験が、講演や郷土史執筆の活動を支えている。重要なのは、ライフコース研究がもつ比較のための分類カテゴリーの「枠それ自体の意味の再検討」というライフヒストリー研究の可能性である（佐藤［1995］2011: 150）。

（13）語り手とリテラシーという論点は『口述の生活史』（中野編 1977）以来のものだ。佐藤（［1995］2011: 156-60）も、「奥のオバァサン」が「声の文化に半身を置きながらも、どこかで自分の人生をかたちに残したい意思をもつ人」であり、平仮名を苦労して習得し、「自伝に近い長い長い平仮名の手紙は書かれて焼かれた」等の文字の文化に対する一定のリテラシーをもつ語り手だったことに注目している。

（14）『朝日新聞』二〇一二年八月六日夕刊「被爆の記憶託す　次世代の語り部に養成　広島原爆投下六十七年」

【文献】

阿見町、二〇〇二、『阿見と予科練――そして人々のものがたり』。

――――、二〇一〇、『続・阿見と予科練――そして人々のものがたり』。

蘭信三・小倉康嗣・今野日出晴編、二〇二一、『なぜ戦争体験を継承するのか――ポスト体験時代の歴史実践』みずき書林。

有末賢、二〇一二、『生活史宣言――ライフヒストリーの社会学』慶應義塾大学出版会。

常陽新聞社、二〇〇二、『等身大の予科練――戦時下の青春と、戦後』。

川松あかり、二〇一八、「「語り部」生成の民俗誌にむけて――「語り部」の死と誕生、そして継承」『超域文化科学紀要』二三：五―二五。

ミリタリー・カルチャー研究会、二〇二〇、『ミリタリー・カルチャー研究――データで読む現代日本の戦争観』青弓社。

向井良人、二〇一二、「記憶をめぐる行為と制度」『保健科学研究誌』九：四九―六二。

中野卓編、一九七七、『口述の生活史――或る女の愛と呪いの日本近代』御茶の水書房。

野上元、二〇一一、「戦争体験の社会史」藤村正之編『いのちとライフコースの社会学』弘文堂、一九六―二〇九頁。

桜井厚、二〇〇九、「〈体験〉と〈経験〉の語り――沖縄戦のオーラル・ヒストリーから」『日本オーラル・ヒストリー研究』五：七三―九六。

佐藤博／佐藤健二編、二〇〇八、『航跡雲』私家版。

佐藤健二、一九九五、「ライフストーリー研究の位相」中野卓・桜井厚編『ライフストーリーの社会学』弘文堂、一三―四一頁。（再録：二〇一一、『社会調査史のリテラシー――方法を読む社会学的想像力』新曜社、一四一―一六六頁。）

――――、二〇〇八、「歴史社会学におけるオーラリティの位置」『日本オーラル・ヒストリー研究』四：三―一八。

――――、二〇一九、「戦争社会学とはなにかをめぐって」『戦争社会学研究』三：一五〇―一七八。

清水亮、二〇一七、「管理からみる戦死者慰霊施設――立地地域における各担い手に着目して」『宗教と社会』二三：三一―四五。

――――、二〇一八、「記念空間造成事業における担い手の軍隊経験――予科練の戦友会と地域婦人会に焦点を当てて」『社会学評論』六九（三）：四〇六―四二三。

高橋三郎編、一九八三、『共同研究・戦友会』田畑書店。

高山真、二〇〇七、「長崎原爆生存者の〈語り〉にみる多元的主体性――ある証言運動の担い手とのインタビューを手がかりに」『文化環境研究』一：二七―三七。

竹内洋、二〇一一、『学校と社会の現代史』左右社。

内田隆三、二〇一五、「序文」内田隆三編『現代社会と人間への問い――いかにして現在を流動化するのか？』せりか書房、六―一六頁。

吉田裕、二〇一一、『兵士たちの戦後史』岩波書店。

第5章　日本社会論の現在と戦争研究の社会学的可能性

野上元

1　はじめに――戦争と向き合う社会学

社会学は、戦争とどのように向き合ったらよいだろうか。

もちろん、これまでも社会学において戦争はたびたび言及されており、戦争社会学の試みもあった。だがここで出発点に戻って問う機会が許されれば、戦争を社会現象としてどう記述するか、ということを考え直してみたい。もちろんここで記述とは、歴史学が試みているように、過去の出来事を可能な限り精確に描写してゆくことをめざすものではない。一方では比較対照や一般理論化への試みに繋がり、あるいは「〈社会〉への問い」を含んだ、社会科学的・社会学的な記述である。それはどう試みればよいだろうか。

出発点に戻る必要に関して、もう一つ気になることがある。戦争を社会学的に捉えようとしてきた試みは、しばしば「戦争と社会」という題目において考察を深めようとしてきた。だがそこで留意しなければならないのは、戦争／社会のあいだにある「と」の意味、つまり戦争と社会とをどのように対比して／接続させて考えるかということである。「と」という助詞はしばしばお互いを独立で対等な分析上の資格を持つ二者として捉えることを促してしまうが、本当にそう捉えてよいのか。

一つのアイディアがある。それは、戦争をある種の社会学史のなかで考えるということだ。ただ、ここでいう「社会学史」とは、職業的社会学者の評伝や列伝、かれらの主張内容の仔細な検討ではなく、様々なかたちで進められる社会（学的）認識（の方法）の歴史（佐藤 2011）である。

「様々な社会認識」ということであれば、その担い手は、職業的な社会学者だけでなく、分野を問わず、「社会」を考えようとする様々な学者・知識人、あるいはさらに広げて「社会」なるものをめぐって知的に生きようとする人々のすべてを含む。学者に限らず、多くの人が社会を分析しながら、その社会を生きている。

社会学が戦争と向き合うときのもう一つの課題に、社会学史＝「社会とは何か・どう捉えるか」の歴史的探究のなかに戦争を位置づける、というものをおいてみたい。ここで課題は、「社会学の道具や方法を使って戦争という社会現象を分析する」から「戦争を手がかりにした社会認識そして社会記述は、どのようになされてきたか」というように書き換えられる。

以下では、社会認識・社会記述という歴史社会学の方法における規準に基づき(1)、具体的な資料を利用しながら戦争を社会学的に考えてみたい。ただ、もう少し課題を限定するためにも、具体的な検討に入る前に次節で本論の方針を説明しておこう。

2　方法——社会記述の方法としての戦争

その方針とは、実はシンプルなものである。それは、戦争を契機として進められた社会認識や社会記述において、戦争や軍事に関連する要素がどのように「方法」化されているかをみること、である。

そうした「方法」の抽出は、当該の時代それぞれにおける現代社会論に、戦争や軍事の影を読み取ってゆくことで進められるだろう。言語表現のなかから書き手と時代に共有された認識の方法を抽出してゆこうとする言説分析の方法が生かされるはずである。

ただ、「当該の時代それぞれにおける現代社会論」とは、どのような基準で取り出されるべきなのだろうか。言説分析の方法論でも、とりあげる言論資料の選択に分析者の恣意性がみられるという批判が尽きない。言説分析で探られるのが、言語表現の読解や解釈によって浮き上がる社会認識の「方法」である以上、問えるのは平均であることや代表性ではなく、当該の時代の象徴性にあるとしかいいようがない。逆にいえば、そのようなものを、ここでは扱う。

その試みとしてこれまで、市民社会論・大衆社会論・消費社会論・情報社会論といった代表的な社会記述をとりあげ、これに対応する「国民」の戦争、総力戦、冷戦、「新しい戦争」がそれぞれその社会認識を契機としていることを示してきた（野上 2013, 2015, 2016, 2021）。それらにおいては西洋社会を念頭に置いた戦争史の普遍的水準に照らし合わせた社会記述が検討され、可能な限り日本の文脈を描かなかった。その目的は、日本社会の経験した戦争史の社会学的記述を別個に求めるため、特にその特殊性と普遍性を測定するためである。

紙幅の関係があり、今回日本の戦争の史的特徴の記述は省略し、ここで分析の対象となる言論資料を「過去の戦争や軍事の検討から戦後日本社会の特性・特殊性を検討するような日本社会論」とする。戦争や軍事を契機として、特にそれを社会認識の「方法」とした日本社会論をとりだし、検討してゆきたい。

3　日本社会論のなかの戦争と軍事

それでは、軍事や戦争に関連させながら社会記述を試みる日本社会論について検討することにしよう。「日本軍や日本の戦争を検討することを通じて日本社会を語る」という語りのフォーマットはいつ提起され、どう定着してきただろうか。そしてそこにはどのような社会認識が孕まれているだろうか。

それはやはり第二次世界大戦後となるだろうか。逆の試み、すなわち「日本文化の表れとしての日本軍」ということであれば、明治以降の近代兵制を整備してゆくなかで模索されたものである。軍は社会から生み出されるのだから、両者の「文化」が合致していた方が効率的である（とされた）。だが、これからみたいのはその逆で「日本軍に日本社会の縮図をみる」であることに注意して欲しい。

近代・内面・組織・日本文化

①精神構造と社会構造の接続：丸山真男『現代政治の思想と行動』

その最も早い例と思われるのが、政治学者・丸山真男（一九一四年生）による『現代政治の思想と行動』である。東大助教授にして二等兵として徴兵され軍隊経験を持つ著者による日本社会にみられる精神構造と政治の関係を検討した書物である。ここでは軍隊内の人間関係や戦争を支える地域社会、戦争裁判などの場面において観察される言動・行動やそれらに共通して垣間見える人々の意識が検討されている。

収められた論考は敗戦直後・占領期に書かれたものである。冒頭を飾る「超国家主義の論理と心理」（[1946]1964）、および「日本ファシズムの思想と運動」（[1948]1964）において描かれたのは、より強い立場の者から弱い立場のものへと暴力が振るわれ、それがさらに弱い者へ連鎖してゆくという「抑圧委譲」、そして様々な「現場」において実力を持ち熱心に戦時体制を推し進める中間層（「亜インテリ」や下士官など）による権力掌握としての「下剋上」であった。「下剋上」に振り回される各層の指導者は、権限と責任の関係を考えないまま取るべき責任を棚上げしてゆくが、秩序の最上位にいる天皇が責任と無関係な立場にあったことにより、「抑圧委譲」「下剋上」と組み合わさり、社会全体として「無責任の体系」が完成する、というのである。

また「軍国支配者の精神形態」（[1949]1964）は、こうしたことを別の角度から描く。そこでは、東京裁判に被告として出廷した日本の戦争指導者たちの言動がナチスドイツの指導者のそれと比較され、戦争を遂行するにあたって自らの判断を主体的に立ち上げることができず、それにより、責任を引き受けることもできない「ヨリ弱い精神」を持っていたということが描かれた。戦争裁判という場が「精神形態」を可視化する場を用意したのである。

これらの論考では、人々の精神構造や振る舞いが詳細に分析され、同時にそれらが相互行為として組み合わさり、いわば社会構造として描くことが可能になっている。丸山は、戦争の時代を生き、軍隊に入隊した社会科学者のいわば「参与観察」に基づいて、戦争を可能にした社会構造を人々の意識の分析から記述したのだった。あるいは、公刊された戦争裁判における被告たちの弁明（朝日新聞社法廷記者団編 1946-1949 など）を利用し、その「会話分析」「精神分析」を試みたという側面もある。東京裁判は異文化コミュニケーションの場であった(2)。

丸山の焦点は、「上からの近代化」の結果として人々の精神性に残った「封建遺制」の問題を提起することであった。その研究は、後の探究にその方法まで含めて影響を持った。近代化をめぐる社会意識論、つまり精神構造の分析において社会構造を描き出すという課題である。

だがそもそも、ウェーバーやマンハイムの影響はあるにせよ、そうした社会記述の方法、つまり人々の精神構造から社会構造を描き出すという方法、後に「社会意識論」と呼ばれる一群の研究の萌芽は、やはり軍隊の経験を契機としていたのではないか。

日本においてそれは、国民の全員が何らかのかたちで関与した戦争ということだった。普段は見えにくい、人々が持つ社会意識や政治的なものへの関わり方が、自らの生命を含む献身を要求する究極の公共事業である戦争における人々の行動や言動において可視化されたということだった。

そうしたなかで、丸山は軍隊社会や軍国主義を経験した体験者＝観察者なのであった。一流の知識人の軍隊への参与観察が日本人の内面における後進性や日本社会における封建遺制を浮かび上がらせ、それが同様の体験をした多くの読者に対して説得力を持った。それほど軍隊や戦争は広く社会に根ざしていたのである。逆にいえば、軍隊は部分社会として限定・特定されていなかったということであろう。

②軍隊という社会から日本社会を語ること：飯塚浩二『日本の軍隊』

比較文化・比較文明論の視点を持った人文地理学者である飯塚浩二（一九〇六年生）による『日本の軍隊』は、占領下の一九五〇年に出版された軍隊（日本軍）の社会学的な研究である。

本書が特徴的なのは、その第一部「討議の形式における共同研究の記録」（[1950]1980: 33–162）において、丸山真男と社会心理学者の南博（一九一四年生）、さらに戦後東大に入り直した元士官の学生三人（陸軍士官学校二名・海軍予備学生一名）による座談会を収めている点である。（丸山も含め）軍隊経験者による座談会が必要だったのは、日本の軍隊に関する系統的な資料・データが決定的に不足しているという認識が飯塚にあり、まずこれを座談会や共同研究の形式によって創り出すためであった（アメリカでは、大規模調査による社会学者と社会心理学者の共同研究として『アメリカ兵』の刊行が始まっている）。

これを前提にして第二部「概括的な素描」（[1950]1980: 165–261）では、日本文化の表れとしての「日本の軍隊」の考察が進められる。日本社会には軍事的勝利が生み出す軍国主義意識や「国民の道場」としての期待に基づく深い親軍感情があり、一方で軍隊には「疑似デモクラシー」が内包されていた[3]。こうした媒介において本書の狙いは、たんに日本軍の組織文化をみるというだけでなく、「日本思想・日本文化における軍隊の役割」を考察する試みになる。

本書は、軍隊を実際に体験した数多くの人々、自らの経験を説明してくれるものを求めている人々にとって、「日本軍を通じて日本社会を語る」という語り方（山本 1983など）の先行例になった。執筆者および読者はともに、軍隊で経験した非合理・不合理（たとえばその人命・人間性の軽視や批判的思考の欠如）を日本社会の後進性や近代化のいびつさの本質から捉えようという「方法」を持った。

一九五〇年といえば、朝鮮戦争が始まり、警察予備隊が創設された年である。一九六八年の復刊に際しても「復刊に寄せて」「軍隊の思想」という文章、および政治哲学者・小松茂夫（一九二一年生）による「解説」がつけられ、本書の復刊が同時代に進行中の情況を念頭に置いたものになっていることが強調されている。

そして本書に認められるのは、それらを印象論・論壇的な発信とするのではなく、科学的な分析の方法においてこれを明らかにしようとしているという姿勢である。第一に、西洋軍事史を含めた幅広い視野による比較の認識があり、第二に資料やデータの分布や確保に関する配慮、そして第三に研究を立ち上げてゆく際に求められる認識のコラボレーション（共同研究）という方法意識をここにみることができる。

それはおそらく、「農村」や「家族」を対象として進められた近代・同時代日本社会研究における問題意識や方法と呼応するものであった。農村や家族を対象とする代わりに、飯塚は研究対象として「軍隊」を選択しようとしたのである。

しかし、この飯塚の試みはうまく継続・継承されなかったようにみえる。というのも、組織としての旧日本軍は戦後消滅してしまったので、農村調査や家族研究のようには調査研究が戦後において継続することができないからだ。参与観察で得られた見聞・印象を想起に基づきデータ化するという方法は、軍隊の検討を通じての日本社会論が、次第に戦後社会における「戦争の記憶」のありようによって規定されるようになる、ということを意味していた。

③軍隊／一般社会の連続と断絶自体を問いかける試み：野間宏『真空地帯』、大西巨人「俗情との結託」論

軍隊はいかにひどい社会であったか。兵営における非人間性や無法状態を告発する試みとして、野間宏（一九一五年生）による『真空地帯』（1952）は、それを描く作品の一つである。そこで描かれているのは、戦闘体験ではなく兵営での軍隊生活であった。「兵営ハ条文ト柵ニトリマカレタ一丁四方ノ空間ニシテ、強力ナ圧力ニヨリツクラレテタ抽象的社会デアル。人間ハコノナカニアッテ人間ノ要素ヲ取リ去ラレテ兵隊ニナル」（野間 1952: 204）。

一方、この作品を批判したのが大西巨人（一九一六年生）である。彼によれば、もしそのような告発によって軍隊が「真空地帯」という特殊な空間とされ、それ以外の一般社会と隔絶された特別な社会だとするのなら、それは兵営を「特殊ノ境涯」（『軍隊内務書』）としようとした軍隊・軍国主義と同じ見方をしているのではないか、というのである。むしろそこは「日本の反封建的絶対主義性・帝国主義反動性を圧縮された形で最も濃密に実現した典型的な国家の部分」（大西 1952: 122）なのだと。

大西の主張の狙いは、軍隊という社会に表れる非人間性や非合理性は、軍隊社会にとどまるものではなく一般の市民社会のなかにもあり、両者は連続しているはずだ、ということに尽きる。その指摘にある認識は、先にみた飯塚の方法と一致するものであった。

一方、野間は大西の批判に反論している。野間は、軍隊を社会のたんなる縮図とは考えないという。そもそも国家と社会とは区別されるべきであり、しかもそこでいう「社会」は階級社会であると（野間 1953）。

軍隊は社会の縮図か、それともこれと区別される国家の抑圧の装置なのか。

この論争は有名だが、大西の提起した重要な論点でとりあげられにくい部分もあった。それはそのタイトルにも窺われる、「大衆のインテリに対する侮蔑」である。大西が注目しているのは、階級が上の兵士を殴ったり脱

走を企てたり経理室で着服したりする軍隊の反逆児である主人公の木谷ではなく、彼を観察し、そのありように肯定的意見を持つもう一人の主人公（野間自身の考えが投影されている）といえるインテリ兵・曽田の存在である。曽田は、木谷の罪は軍隊に帰することができるとし、彼のような者こそがこの「真空地帯」をうちこわす担い手となるという希望を持つ。だが大西に言わせればそれは、パルチザンの担い手を「無頼漢」に任せ続けるということを意味し、曽田の敗北主義こそこの作品の「俗情との結託」を表しているというのである（大西 1952）(4)。

ただし、もう一つ付け加えておけば、「俗情との結託」という批判が明らかにしたのは、粗暴者（だが無法者ではない）木谷とインテリの曽田という二人の観察者を焦点として観察される楕円形の空間としての軍隊描写の方法である(5)。これまでみてきたことを踏まえれば、軍隊の「参与観察」による日本社会論が進展してゆくなかで、観察の拠点となる視点も複数化し、あるいは軍隊という社会に対する理解社会学も深まっていった、と考えることもできるはずだ。

この論争からやや後になって大西は、代表作『神聖喜劇』（一九六〇～七〇年に連載、刊行は一九七八～八〇年）を書き、その主人公にはインテリ兵・東堂を置く。軍隊は暴力が支配する不合理な世界ではあるが、それでもなお、野間のいう「条文に取りまかれた空間」であるという前提から自由ではない。それにより彼は、その驚異的な観察力や記憶力を駆使し「条文」における細かい規定を参照・引用し、ディスカッションによって上官や軍隊に反抗する。

一九六〇年代以降、戦争体験・軍隊体験に基づく軍隊＝社会研究は、これまた多くの指摘があるとおり(6)、継承の危機や「風化」に直面することになる。現在の眼からみれば、記憶（力）が全てを支配する、という意味で、大西はこれに先駆けたものを書いたようにみえる。

戦後社会論における戦争と言語・表現

①「世代」の発見、参与と観察：安田武『戦争体験』

野間と大西の対比は、戦争が体験される「軍隊」という空間に基づくものだったが、それを記憶する「戦後」とは、むしろ時間的な延伸作用のなかで捉えられるべきものである。それゆえ区別も必要となり、たとえば安田武（一九二二年生）は、「風化」の時間を過ごす戦後社会において生じた戦争体験者と一般社会の隔絶を捉えるために、「世代」の問題を喚起する。

一九六三年に刊行された『戦争体験──一九七〇年への遺書』は、安田によって一九五〇年代半ばより六〇年代にかけて書き続けられた論考をまとめたものである。そこで安田は、戦争体験を尊重しようとする自分たちの世代のあり方を「実感信仰」として批判しようとする戦後社会、あるいは戦争体験を安易に政治利用しようとする戦後社会に対し、怨念・執念に基づいた渾身の反論を行う。そのため本書は、安田の戦争体験の内容を直接語るものではない。そうではなく、その戦後社会における「語りにくさ」が滔々《とうとう》と語られる。彼の戦争体験の内容の方は、そうした語りにくさの語りのなかに、ときどき垣間見られるだけだ。

ただし、当初からそうだったわけではない。そしてさらに戦争体験を「方法」として社会認識を深める可能性もなかったわけではない。それは後に『学徒出陣』（[1967]1977）となる本を（当初は仲間と）出そうと考えたときのこととして書いてある。「これ等のこと〔日本社会を歴史的に論じる様々なテーマ〕を自分たちの体験に合わせながら、日本の教育の歴史や、帝国軍隊の構造の本質に触れて叙述しよう、という意気込みであった」（安田[1963]2021: 96）。そしてそれこそまさしく軍隊・戦争の歴史社会学的研究となる可能性のある探究である。軍隊の体験も踏まえた本格的な日本社会論が達成されていたかもしれない。

ところがそれが果たせない。『学徒出陣』は社会科学的な日本社会研究ではなく、死んだ仲間を読者とする鎮魂の書になってしまった。それゆえ読者が「いない」。安田が見つけ出した阻害原因は「世代」であった。そして、それが逆に安田の語りや状況分析の「方法」になる。安田は、「戦中派」あるいは「わだつみ世代」とひとくくりにされてしまう世代を、さらに細かい区分に分ける。すなわち、一口に学徒出陣と言っても、大学卒業後に軍隊に出征した世代（大正九／一九二〇年生くらいまで）と、正規の年月を経ずに卒業繰り上げとなり出征することになった世代（大正十～十一／一九二一～二二年生：在学による徴兵猶予の撤廃による狭義の「学徒出陣」世代）、そしてむしろ工場労働に学徒動員された世代（あるいは予科練・少年航空兵の世代。大正十五／一九二六年生まで）に分かれるはずだと（安田［1963］2021: 63-4）。

第一の世代においては、大学を卒業し、その教育を十全に受けており、教養主義のほかマルクス主義の残り香もあり、社会の状況を捉える方法や批判意識を持つことができた。逆に第三の世代では、まともな大学教育を受けることがなかったし、軍国主義教育に浸かってしまって批判的に物事をみることができないでいる。そして安田は第二の世代に属する。かろうじて残る教養主義の人格主義が、ほんのわずかばかりの批判意識を保たせてくれただけという。大学生活は全うされず、中断された。

わずかな年代の違いだが、ここには「掩えない断層」（安田［1963］2021: 64）がある。安田は戦場でわずか十五センチの差で銃弾がそれて自分は死ななかった、そのことの（無）意味にとらわれ続けていると書くのだが、世代をめぐる「数年」というわずかな差の方にも、同程度の深さがある。安田はいつも、こうしたわずかな差が決定的な差を生み出す瞬間を凝視してしまう。

始まりと終わりがある歴史的出来事としての戦争は、生死はもちろん教育環境ひいては思想（思考法）において決定的な差異を生み出す歴史的な転換点を社会制度にもたらし、人々を生まれた年代によって分ける条件、すなわち「世代」を生む。

もちろん、「世代」を言い出したのは安田ではない。しかし、それを方法化するために、「世代」という認識の方法にみられる可能性と限界を執念深くあぶり出したのが安田だとはいえそうだ。ただし、すっかり疲れてしまった安田は一方で、「もう「世代論」をやる元気がない」（安田［1963］2021：98）とも書いている。

安田は「世代論」という認識方法の有用性に嵌《は》まりすぎてしまっていたようにみえる。安田がその深みに嵌まったのは、いってみれば軍隊や戦争の時代への参与観察における参与と観察の危ういバランスのうえでのことであった。先にみた第三の世代は、参加させられたけれども没入が過ぎて観察することができない。逆に、第一の世代よりさらに上にいる丸山などは、軍隊を兵士として経験したとはいえ、やはり軸足は社会科学者であり、参加によって観察の立場が見失われることはなかった。彼にとって軍隊は、ちょうどよい異文化だったといえる。

安田にとって軍隊や戦争は、「ちょうどよいフィールドワーク」などではありえない。対象との一定の距離が不可欠なはずだが、時代や文脈からの被拘束性が進みすぎて図式化できなかったということだ。彼の日本社会論は、いつまでも完成しない卒業論文、あるいはその構想発表となってしまった。膨大な量の詩の習作を残して死んだ友人（徳澄正）への共感も綴られている（安田［1963］2021：64–6）。

もう一つ、安田が提起し完成しなかった方法論を挙げておこう。それは実感を共感に変えてゆくコミュニケーションである。それも「世代」の壁をみて逆に浮かび上がってきたものであった。たとえば、安保闘争における樺美智子（一九三七年生）の死を「犬死」と表現したのは、もちろん安田自身の体験に基づく、彼女の死に対する共感からであった（安田［1963］2021：124）。安田は戦後世代と最初からコミュニケーションを拒否していたわけではなかった。それが全く伝わらない。

ここで提起されていたのは「世代」の問題にとどまらず、時間軸のなかでとられる過去との対話、歴史に対する認識に関わる言語やコミュニケーションにおける実感に基づく共感可能性なのであった(7)。後に述べるように、これもまた、日本社会論の記述の条件と呼べるものである。

②戦前・戦時・戦後の連続／対峙を問いかける試み：見田宗介「戦後体験の可能性」

一方、戦後世代からみれば、それぞれ個別で生々しさに満ちた戦争体験を、より普遍的な経験のかたちに変換し、次の時代を創る思想あるいは原理に繋げてゆかなければ、次の世代が継承する意味を見出せない。とにかく語り継げばよいということではないはずだからだ。ただ、安田からいわせれば、そうした普遍化や「正論」に結びつけられにくい部分こそ、自分たちの「戦争体験」の核心なのである。戦争体験の核心を、戦後における普遍化から守るための防壁的な作用を持つ概念として「世代」が見出されたのだった。

だが、その試みに全く意味がなかったわけではない。見田宗介（一九三七年生）は、安田の提起した「世代」を受け継ぎ、社会を語るための道具とするべく、よりポジティブなかたちで定式化しようとしている。

一九六三年に初出があり、一九六五年刊行の書物『現代日本の精神構造』に収められた論考「戦後体験の可能性――「未定の遺産」としての戦後史」（初出では「戦後体験」ではなく「戦後世代」）をみてみよう。そこで見田は、「世代」という概念を、社会を捉える有効な概念として安田から受け継ごうとする。

たとえば、ある時代のなかで体験を形成させる力と、その時代が終わった後の時代を体験が形作る力とを媒介させ、二つの時代を「世代体験の充電期／発電期」（見田 1965: 141-2）として捉えることを提案する。それによって戦争体験は、戦後社会を作り出してゆく産出的な力として捉えることが可能になる。そう捉えれば、戦争体験を戦後世代が受け止めてゆくこともできるはずなのだ。そして、固有の体験（原体験）は戦争体験に限らずそれぞれの世代にあるはずであり、そこに優劣はないのだとすれば、それぞれの世代はその原体験に固執しながら、「世代間の異質的な統一戦線」（見田 1965: 145）を組むことができないかと提起する。そして「戦前体験・戦中体験のもつ限界を補うものとして、戦後体験の独自の可能性と課題を考えてみよう」という。

ここで補われるべき「限界」および「独自の可能性」とは何か。昨今の日本社会にみられる政治意識として見田は、対案を生み出すことのない「批判の自己目的化」があるという。その理由として、安田らの戦中体験が

「正論」を生み出してゆくことを拒否する力となり、それが戦後社会のありようにも影響を及ぼしているのではないか、というのである（見田 1965: 146-8）。このことは、戦後体験が、戦中体験と対峙することで見えてきたものである。世代間対立に陥ることなく、それを超えて新しいテーゼを提案してゆこう、と。

なるほど安田によって発見され見田が定式化しようとした「世代」という概念は、経験の特性を把握するための概念道具というだけではなかった。いってみれば人々の経験の集積として過去から未来に向かって進んでゆく社会を捉える観念であり、その精細度を上げたり下げたりしながら、人が生まれ・育ち・そして死んでゆく時間軸のなかで社会の奥行きを探ってゆくことのできる極めて有効な道具であった。もちろんこれは、ライフコース研究でいう年齢効果や時代効果、とりわけコーホート効果に関わるものだといえるだろう。その作用に注目し、「世代」をそうした研究領域と結びつけることもできるはずだ。

こうしたことを見出すことを促したのが戦争という出来事であった。戦争には始まりと終わりがあり、戦時と平時の違いは人々の「生」や認識に関わる条件として決定的な影響を及ぼすものである。その上で、安田が提起したように「世代」とは共通な「生」のありように対する分断、物理的な区分をもたらす条件でもあった。ただし問題はその区分の粗密をいかに選択するかということの方であり、「体験」そして「世代」の固有性を薄めてゆく集合的記憶としての「戦争の記憶」の全体性が前面化するのは、少し後のことである。

もちろん「世代」の有効性が全うに確保されていれば、「体験者による参与観察」に続いて、「非体験者による体験者に対する聞き取り調査（あるいは質問紙調査）」がなされてもよかったはずだが、それはなされなかった。アメリカであれば、前述の『アメリカ兵』調査に続き、ベトナム戦争と徴兵制の廃止を背景に、社会学的な問題意識として軍事社会学が提起され、軍隊に対する社会学的な調査研究がいちはやく行われていた時期である。

科学化する軍隊・戦争による日本社会論

①近代化論から社会意識論と戦争責任論：作田啓一「戦犯受刑者の死生観」、「戦争体験の今日的意味」

作田啓一（一九二二年生）は一九六四年の論考「戦争体験の今日的意味」において、世代間の壁による戦争体験のディスコミュニケーションについて、では同世代のなかであればよく話が通じるかというと、気質の違いもあるはずであり、これも「実感」による限定、錯覚であるという。個人の年齢だけでなく、「性、家族関係、公的な地位、教育程度、健康状態、情報量などの相違を考慮に入れるなら、戦争体験はじつに千差万別だといわざるをえない」（作田 1964: 3）。逆にいえば、「世代」に変数としての限定をかけよう、ということである。

そして実感信仰に閉じやすい個々の体験を重ね合わせ、感性的認識から理性的認識へと体系化・普遍化してゆくことが重要であり、それにより世界史のなかに自己と他者を位置づけてゆくことが求められる。これは（この論考が収められた『思想の科学』の特集も含め）「戦争体験論」が盛んに議論されるなかで進められている方向性である。

ただ、「戦争体験」による社会研究の方向性をもう一つ作田が示していることを見逃してはならない。それは、体験の固有性をその深層において「どこまでも追及してゆく方法」である。「ある線を越えて下降すると、「戦争」体験ではなく、人間一般の普遍的な体験が浮かび上がってくるはずである」（作田 1964: 6）。

重ね合わせてゆくことで得られる普遍性と、深さを極めることによる普遍性。そこで得られる人間と社会への問いが作田の社会学であった。もう少しみてみることにしよう。

この論考に少し遡る一九六〇年の「戦犯受刑者の死生観――「世紀の遺書」の分析」で作田は、戦争犯罪で裁かれた戦争犯罪者の遺書を分析している。そこには、「迫りくる刑死の運命に対しての痛ましい格闘のほかに、その意味を何に求めればよいかに関しての苦渋に満ちた模索がうかがわれる」（作田［1960］1972: 363）という。戦争犯罪裁判は、個人の罪の意識に関わる、つまり個人的な判断や決定に対して認められた戦争犯罪だけではなく、より大きくは、日本人・日本国という集団や全体性を背負わされて進む、大規模でドラスティックな価値剥奪の状況だといえるという。裁判の審理や判決に納得がいく者は少なかったはずであり、「彼らの多くは、真の解決ではなく、その欠如を補う「防衛のメカニズム」のとりこになった」（作田［1960］1972: 364-5）。これを分析しようというのである。

作田によれば、それは臨床心理学的な探究ではない。そうではなく、「十五年の戦争下で過ごした日本人が、戦争犯罪のための刑死という状況に直面して、どのようなメカニズムに訴えるにせよ、どんな解決の仕方に傾きやすいかという問題」（作田［1960］1972: 365）がそのターゲットであるという。

作田は戦犯受刑者を通じて「日本人」をのぞき込もうとする。「戦争裁判で裁かれた日本人」ということでいえば丸山の日本社会論が思い出されるだろう。だがそこで問題は、丸山のいう「軍国指導者」がどのような意味で「日本人」「日本社会」を代表しているか、ということについては実はかなり曖昧だったことである（野上2005）。

裁判中の言動（丸山）と裁判後の遺書（作田）という分析データの違いももちろん重要だが、作田の論考では、少数のA級戦犯の遺書のほか、大多数のBC級戦犯の遺書が検討され、より「日本人」を代表させるにもっともらしい標本採集（サンプリング）が行われているということに注目しておくべきだろう。加えていえば、A級戦犯の遺書が検討において排除されているわけではなく、訴追要因やそれに基づく区分としてのA級（開戦誘導・戦争指導）とBC級（戦時国際法違反）の差違そのものも変数として扱われている。

一九五三年に刊行された『世紀の遺書』という、それなりに数と形式のそろった質的データがそれを可能にした。それらは戦争犯罪者として収容され、戦争裁判で裁かれた人々の「遺書」という共通基準を持ち、それでいてこれに関わる特定の属性に偏っていない、という資料群である。

この共通性とバラエティは、作田をして次のような社会学的作業に向かわせる。すなわち、「自然死」型、「いけにえ」型、「いしずえ」型、「贖罪」型など、遺書にみられる様々な意識の分散のなかに共通して影響を及ぼしている変数を見出し、「類型」を作り上げることである。そして変数や類型の存在、分布への配慮を念頭に置いたうえで、これを拡張し、「日本人」・日本社会を論じようというのだ。

作田の試みは、丸山や飯塚の提起した探究の可能性、つまり戦争や軍隊に言及しながら日本社会を語るという方法への社会学的回答だといえるだろう。ただし、もちろん作田の方法は、参与観察による軍隊の社会記述とは違う。国家や社会が価値剥奪を促す契機として個人の「生」に関連してくる瞬間を遺書に見出す。精神・心理の分析の意味が少し異なっているのである。それに応じて、何をもって社会を記述したこととするのか、それは日本社会の何を描いたことになるのか、という規準もすでに変化している。

②日本軍隊論の科学化：戸部良一ほか『失敗の本質』

少し方向は異なるが、飯塚のめざしていた「軍隊にみる日本社会研究」の方向は、一九八〇年代になって組織論・経営学の視点から発展させられている。戸部良一（一九四八年生）らによる『失敗の本質』は、アジア・太平洋戦争における主要な六つの戦いの指揮における、様々な意思決定およびそれを支える組織文化を検討し、それぞれの敗北・失敗の原因を社会科学的に検討するものである。

遠藤知巳（一九六五年生）により、すでに歴史社会学的な紹介はなされている。この書物は、経済的成功に湧く一九八〇年代における日本社会特殊論と同調する部分がある。旧軍の意思決定の拙劣を厳しく指摘する筆致には、その反対にあるはずの日本社会優越性論と似た「居心地の悪さ」がどこかみてとれるという（遠藤 2012）。その「居心地の悪さ」とは結局、すべての結果を知っている戦後という安全地帯から戦前の士官教育、戦中の意思決定を批判するという位置関係によるものだ。たとえば旧日本軍における「失敗の本質」の一つである「戦力の逐次投入」の原因が、「戦争目標」と「戦略上の課題」と「戦闘上の任務」とが曖昧になってゆくその組織文化にあるのだとして、一般的にいって、相手の戦力量やその戦略目標を推し量るために採られる威力偵察的な作戦行動は、結果からみれば「戦力の小出し」にみえるだろう。最前線の小競り合いかもしれない戦闘にいちいち主力が進出するわけにはいかない。ガダルカナルが対米戦争の分水嶺の一つであったということは、当時は分からなかった。

もちろんそれでも、日本軍の意思決定をめぐる本書の分析は読み応えがあり、現在の社会の諸場面において得られる教訓も少なくはないようにみえる。そしてその背景には、一九八〇年代の中高年文化にみられる、いわゆる歴史・戦史ブームがあった。趣味としての狭義の歴史雑誌だけでなく、経営者の（／をめざす）人々が読む雑誌『プレジデント』（プレジデント社）などには、軍人の肖像が表紙に載せられ、戦史特集が組まれていた（福間 2022）。こうした『失敗の本質』や『プレジデント』においては、過去の戦史と日本社会論とが結びつけられてはいたが、両者の関連性は厳密には考えられておらず、社会認識・社会記述として体系化されたものではない。しかし経済や経営において「世界と戦っている」という自負心が、過去の指揮官と自分、戦争史の状況と同時代の日本社会を結びつけていた。

ここでは何よりも、戦争における個々の作戦・戦闘は、参加戦力という「初期条件」そして勝敗という「結果」が目に見えやすいかたちとなっており、伝えられる戦闘詳報・戦史はその意思決定の「プロセス」をアクセス可能な記録として残している。それゆえ「科学的」な探究とりわけ意思決定論の検討材料・教材としやすい。作田が人間と社会への問いにおいて求めた普遍性とは異なり、断片化された歴史の利用、脱文脈化されることで得られた応用における普遍性として考えることができるだろう。(8)

忘却の方法化、「日本社会」という全体性／亀裂への介入

①日本という全体性：加藤典洋『敗戦後論』

文芸批評家の加藤典洋（一九四八年生）は、戦後五十年にあたる一九九五年から数年で連続して発表した三本の論考に修正を加え、一九九七年に『敗戦後論』として世に問うた。その主題は、「戦後」をいかに考えるかということであり、その一つとしてアジア・太平洋戦争の死者への弔いと謝罪要求への応答の問題があった。

終戦（敗戦）五十年を経て、体験に基づく軍隊／社会の観察可能性、その基礎となる体験の固有性／伝達可能性などはすでに議論されていない。ここでは、「戦争の記憶」という集合的記憶を社会認識の方法として、戦後日本社会の現状分析や課題の整理が議論されている。ただ問題は、「戦争の記憶」の媒介となる「戦後日本社会」という集合性に分裂がみられるということだ。ここで分裂とは、この集合性のなかに二つの考え方からなる対立があることではなく、一つの集合としての「日本国民」に孕まれている分裂だという。

そしてそれは戦後日本における二重の「ねじれ」によるものだというのである。そのねじれとは、一つには、平和憲法をアメリカの軍事力によって与えられた（押しつけられた）こと。もう一つには、自国の死者を対外的には「いなかった」ことにし、一方で対内的にのみ厚く弔ってきたために、それゆえ死者とともに謝罪の要求に応えることができないということ、である。

加藤はこれに対し、自国の死者への弔いをまず行い、それにより生み出された共同性によって謝罪の要求に応える「われわれ」という主体を立ち上げることが重要だと提起した。

これに対しては反論も寄せられた。たとえば高橋哲哉（一九五六年生）は、責任とは応答可能性のことであり、弔いより先にまずアジアの死者・他者の呼びかけに応答し、これに向き合わなければならないはずだという（高橋 1999）。これに対し加藤は、「われわれ」の立ち上げ方をめぐり、成員の同一性を前提とした共同性ではなく、弔いを通じて内部に孕まれる自己矛盾・分裂を克服した公共性を根拠とするべきだと返した（加藤 1997）。

体験者たちが次々と世を去り、個別の戦争体験の発信が限られたものになってゆくなかで、集合的記憶としての「重ね合わせ」が進んでゆく。しかし、それにもかかわらず、あるいはそれゆえに、「重ね合わせ」は作田のいう普遍性を獲得することに簡単に繋がらない。「戦争の記憶」の検討をめぐって浮かび上がってきたのは、「日本社会」を記述することではなく、むしろその自己分裂や対立なのであった。

表現を変えれば、加藤と高橋の論争が教えてくれたのは、「日本社会」を論じるための決定的な要件として「他者」の問題を抜きにできないということだった。他者との関わりのなかで、「社会」が現れるということである。

さらに、加藤が重要な拠りどころとし、高橋の主張ではあまり議論されない国内の死者（一方、アジアの死者はアジアの生者に重ね合わされている）とは、直接応答を迫ってくる他者ではなく、共同性を立ち上げるために不可欠な、幻覚のような他者である。これは内田隆三（一九四九年生）が柳田国男「山の人生」を通じて分析した、ある社会記述を進めるために立ち上がってくる「内なる他者性」の問題と考えることもできるはずだ（内田 1989, 1995）。

そうした接続を用意すれば、この時期に「戦争の記憶」による社会記述は、もう少し試みられてもよかった。ただ加藤の問題提起、あるいは加藤と高橋の論争は、歴史社会学の社会記述の「方法」としては捉えられず、戦争責任論の謝罪主体の問題に回収されていった。

②忘却を手がかりに：赤木智弘「「丸山眞男」をひっぱたきたい」、白井聡『永続敗戦論』

赤木智弘（一九七五年生）による論考は、現代の格差社会を告発する方法として「希望は戦争」と表現してみせる。軍隊社会であれば、二等兵の「丸山真男」を殴るチャンスを与えられるというのだ。もちろんこの著者が個人的に知識人を殴ることを欲しているということではないだろう。現代社会が非正規雇用者に対してみせる現実は、軍隊のような社会ですら良くみえるほど抑圧や不合理に満ちているという主張である（赤木 2007）。

赤木の論考もまた、軍隊を媒介にして日本社会を語るという方法の系譜のなかにあるといえるはずだろう。軍隊生活における抑圧の記憶が社会で薄れて軍隊が「平等社会」として理想化され、あるいは抑圧はあっても格差社会より「まし」とされるのであれば、赤木がしたことは、そのレトリックとしての有効性を存分に使い倒すことである。もちろんその場合、すでに「軍隊」に関する記憶は忘却に満ちており、世代や様々な属性で切り分けるような繊細な手つきも喪われている。すでに調査も不可能となっている。そうしたなか赤木はレトリックに有効な断片を記憶から取り出し、これを握りしめ、「俗情との結託」を手段として社会に切りつけていったのであった。

同様に、忘却のなかで記憶の断片を握りしめて有用な武器として社会に切りつけてゆくというあり方において、白井聡（一九七七年生）による『永続敗戦論』は、戦後の日本社会が、アジア太平洋戦争の帰趨として一九四五年八月に起こったことを「終戦」と表現することで、無意識のうちに「敗戦」を否認し、そのことにより対米従属を始めとする「戦後」の現実を見ることができないでいると喝破する。歴史的事実の学び直しを行い、価値の転倒を明るみに出して様々な閉塞を打破するべきだというのだ。

戦争という出来事との関連でいえば、意識論（精神構造論）と社会構造（イデオロギーを含めた政治体制論）とを結びつける丸山以来の伝統に位置づけることができるだろう。かつての飯塚や丸山の探究は、自らおよび人々の体験から出発し、広範な読者の体験も含めて支えられていた。それしかなかったが、逆にいえば、それがあった。また、社会意識に関して経験的なデータが残りにくかった状況にあって、それなりにデータの意識（飯塚にあっては体験者による座談会、丸山にあっては戦争裁判報道）もあった。これに対し、戦後七十年近くを経た本書の議論は「戦争の記憶」に基づく社会意識を念頭に置いて議論しているが、それはかなり曖昧なものとならざるをえない。加えてここにあるのは、集合記憶にみられる無意識による抑圧（と代補）（白井 2013）という精神分析論的な前提である。

その結果、本書は「日本社会」の主体性をこれから構築しようとする（＝「戦争の記憶」を担保する「日本社会」の集合性を自明視しない）加藤の試みとは異なり、議論の前提となる「日本社会」の存在を自明視した分、逆にその対象化が曖昧になってしまった。「体験」という言論の共通基盤は消えたが、一方で「社会科学」的な方法も打ち立てられないままに、レトリックとして「戦争（の記憶）」が使われている。戦争や軍事による社会認識という観点からする日本社会論として見る限り、ここにはデータの意識だけでなく、比較の視点もない。こうした立場は、加藤の問題提起や積み重ねられてきた「戦争の記憶」論とどのような関係を持つだろうか。

しかし一方で、こうした記憶のレトリカルな利用、「丸山真男をひっぱたく」という表現による喚起力や「敗戦」を「終戦」とする隠蔽を暴くことで社会の姿を鮮明に浮かび上がらせ、これらが高い関心を喚起したのも事実である。先に触れた戦史における意思決定の経営学的応用にも現れているように、過去の戦争によって日本社会は、啓蒙や問題提起に便利な意味論的ストックを持ったといえるのかもしれない。むしろ忘却は、そのストックからアドホックに情報を引き出すための条件となった。

井上義和（一九七三年生）が『未来の戦死に向き合うためのノート』(2019) でいうように、近年では特攻隊員の事蹟を新入社員の「活入れ」に利用する例があるという。現在、「戦争の記憶」はこの社会における自分のありようを問い直す自己啓蒙の契機として利用されている。こうしたことに注目する井上の仕事は、軍隊で日本社会を語るという方法がメタファーとして有効性が確保されるところにまで形骸化した現在にあって、その利用法に対する分析、つまり「戦争の記憶」に関する二次的な観察を試みたものとして位置づけることができるだろう。

4 課題の確認と再出発――社会学的に「戦争」を考えるために

ここまで、戦争や軍隊に言及しながら進められる日本社会論の系譜を、その「方法」において追跡してきた。狭義の社会調査方法論に則った社会学的記述に限定せず、時にはフィクション／ノンフィクションの区別すらしていない。網羅的に論考がとりあげられたのではなく、「方法」の構成を論じるにあたって不可欠なものを含む論考を選択した。もちろん紙幅の制限による選択もある。一方で、対象とする範囲を戦争や軍隊に限定して社会を語るのではなく、それを通じて何らかのかたちで日本社会を論じようというものを選んでいる。以下ではこれまで論じてきたその「方法史」をもう一度まとめてみよう。

私たちの人生はそれぞれ多様なはずだが、巨大な圧力において「共通の体験をした／させられた」と思わせるのが戦争である。もちろん「「共通」ではない」という申し立ても重要だが、そうした違和感や拒絶もまた戦争という状況によるものである。これらを基盤として、戦争に関説することによる日本社会論が試みられ始める。

そして開戦と終戦があったという意味で、戦争は「平時」と区別される。つまり、限定され特異な時空間（カイヨワの区分でいえば「聖なる時空間」）のなかにある。この共通性と特異性において、「平時」には隠されていた人々の意識や行動パターンが浮かび上がってくる。「戦争は歴史社会学の実験室」といえるかもしれない。

そして少なくない数の人々（男性）が経験した軍隊という社会がある。「暴力の管理・運用」がこの社会領域の本質だ。一般の社会では禁止されている暴力による紛争解決だが、その手段が独占的に蓄積され、発動されることを待っている。その意味では「特殊」なのだが、どこかでそれは一般社会との連続性を持つ面もある。

というのも、近代という共通のモジュールを持ちつつも、軍隊は個別社会の「文化」に合わせた編成・動員原理を持つのが資源効率的だからだ。あるいは、帝国主義や階級抑圧など、近代社会においても暴力は隠微に存在しているという立場からすれば、軍隊において暴力が蓄積されているからといって、それは多寡の問題であって軍隊と社会とは質的に異なる特別な空間ではないだろう。

そうした連続と区別において、軍隊という社会を論じることによって社会全体を論じるという方法が可能になる。軍隊における特異な慣習や価値観は、見えにくい一般社会のそれを可視化してくれるというわけだ。

以上のように、戦争と軍隊は、社会全体を論じることに関する高い喚起力を持つ、歴史的な時空間、そして部分社会であった。そうしたことに基づき、戦後日本においても、「家族」や「農村」に着目するほどには自覚的にではないものの、近現代日本社会を論じる重要な焦点の一つでありえることが認識され、無意識的／意識的な協働において、実際にそれが着手されていたようにもみえる。

もちろん、不利な点もあった。その本質は、「家族」や「農村」（現在では「地域」）が継続した調査を試みることのできる部分社会・社会領域であるのに対し、「戦争・軍隊は過去のもの」と考えることで、調査の場が記憶もしくは記録に限定されるようになってきたことである。戦争社会学の研究の多くが現在、メディア史的な領域で進められているのもその現れであるようにみえる（野上 2011）。「記憶」とはメディアの媒介性を無視して論じられるものではないからだ。

しかし、もう一度、「戦争」「軍隊」に社会学的に注目してもよいだろう。もちろん、現在戦争が分かりやすいかたちで存在しているかというと、そうではない。だが、現在を次の戦争の「戦前」と考えることで、調査を始めることができよう。また、かつての冷戦がそうであるように「みえない・みえにくい戦争」が進行中であると捉えることもできる。

軍隊という社会はむしろより端的に着手可能である。社会調査を始めるべきだろう。もちろんかつての軍隊と異なり、現代の軍隊は部分社会としていっそう限定されているけれども。

【注】

（1）もう一つ「社会問題」という歴史社会学の規準については、赤川（2012）参照。戦争を「社会問題」として考えることができるだろうか。これは別の議論としたい。

（2）異文化コミュニケーションとしての裁判については、C・ギンズブルグの一連の論考、たとえば『裁判官と歴史家』（2012）などを参照。

（3）M・ジャノヴィッツが指摘するように、新興国においては、経済発展が民主化よりも優先され、その牽引役たる軍隊がほかの社会領域より「平等的」である場合、軍隊の社会が理想化されて捉えられることがある。ジャノヴィッツ『新興国と軍部』（1968）参照。

（4）戦争体験者が多くを占めていた当時の読者という要素を加えつつ作品の評価を時代の文脈のなかで見直し、さらにその次の世代である西川長夫（一九三四年生）の読みを検討したものとして、内藤（2015）参照。

（5）あるいは有馬（1964）（映画『兵隊やくざ』増村保造監督、一九六五年の原作）など参照。

（6）福間（2009）、成田（2010）など参照。戦争体験の社会史を継承・断絶／風化・忘却ではなく「書くこと」における「編集」の卓越として論じた野上（2006）も参照のこと。

（7）言語（言語にならないものも含め）の作用にこだわり、伝達の困難や不可能性の方から安田の戦争体験論を受け継いだものに、冨山（1995）がある。

（8）軍事社会学、なかでも「戦闘の社会学」という枠組みに基づく、聞き取り調査による戦争体験の社会学的研究として河野（2001）参照。

【文献】

赤川学、二〇一二、『社会問題の社会学』弘文堂。

赤木智弘、二〇〇七、「「丸山眞男」をひっぱたきたい――三十一歳、フリーター。希望は、戦争。」『論座』(一四〇)：五三―五九。

有馬頼義、一九六四、『貴三郎一代』文芸春秋新社。

朝日新聞社法廷記者団編、一九四六―四九、『東京裁判』ニュース社。

遠藤知巳、二〇一二、「失敗の本質」野上元・福間良明編『戦争社会学ブックガイド――現代世界を読み解く一三二冊』創元社、一一四―一一六頁。

福間良明、二〇〇九、『「戦争体験」の戦後史』中公新書。

――――、二〇二二、「大衆歴史ブームと教養主義の残滓――「ポスト・キャッチアップ型近代」の中年文化」福間良明編『昭和五十年代論――「戦後の終わり」と「終わらない戦後」の交錯』みずき書林(印刷中)。

ギンズブルグ、カルロ／上村忠男・堤康徳訳、二〇一二、『裁判官と歴史家』ちくま学芸文庫。

飯塚浩二、[一九五〇]一九八〇、『日本の軍隊――日本文化研究の手がかり』評論社。

井上義和、二〇一九、『未来の戦死に向き合うためのノート』創元社。

ジャノビッツ、モーリス／張明雄訳、一九六八、『新興国と軍部』世界思想社。

加藤典洋、一九九七、『敗戦後論』講談社。

河野仁、二〇〇一、『〈玉砕〉の軍隊、〈生還〉の軍隊』講談社。

丸山真男、[一九四六]一九六四、「超国家主義の論理と心理」『現代政治の思想と行動』未來社、一一―二八頁。

――――、[一九四八]一九六四、「日本ファシズムの思想と運動」『現代政治の思想と行動』未來社、二九―八七頁。

――――、[一九四九]一九六四、「軍国支配者の精神形態」『現代政治の思想と行動』未來社、八八―一三〇頁。

――、［一九五六―五七］一九六四、『現代政治の思想と行動』未來社。

見田宗介、一九六五、「戦後体験の可能性――「未定の遺産」としての戦後史」『現代日本の精神構造』弘文堂、一四〇―一五一頁。

内藤由直、二〇一五、「野間宏『真空地帯』と国民国家論――国民化される肉体の裂け目」『立命館言語文化研究』二七（二）：三五―四九。

成田龍一、二〇一〇、『「戦争経験」の戦後史』岩波書店。

野上元、二〇〇五、「東京裁判論――上演される「歴史」、形象としての「A級戦犯」」吉田裕ほか編『戦争の政治学（岩波講座アジア・太平洋戦争 二）』岩波書店、二六三―二九〇頁。

――、二〇〇六、『戦争体験の社会学』弘文堂。

――、二〇一一、「テーマ別研究動向（戦争・記憶・メディア）」『社会学評論』六二（二）：二三六―二四六。

――、二〇一三、「消費社会の記述と冷戦の修辞」福間良明・野上元・蘭信三・石原俊編『戦争社会学の構想――制度・体験・メディア』勉誠出版、一九七―二三二頁。

――、二〇一五、「市民社会の記述と市民／国民の戦争」内田隆三編『現代社会と人間への問い』せりか書房、三九八―四二二頁。

――、二〇一六、「大衆社会論の記述と「全体」の戦争――総力戦の歴史的・社会的位格」好井裕明・関礼子編『戦争社会学――理論・大衆社会・表象文化』明石書店、三七―六八頁。

――、二〇二二、「情報社会と「人間」の戦争」蘭信三・石原俊・一ノ瀬俊也・佐藤文香・西村明・野上元・福間良明編『「戦争と社会」という問い（シリーズ戦争と社会 第一巻）』岩波書店、二〇九―二三一頁。

野間宏、一九五二、『真空地帯』河出出版。

――、一九五三、「日本の軍隊について」『野間宏作品集 第一巻』三一書房、三四三―三五五頁。

大西巨人、一九五二、「俗情との結託」『新日本文学』七（一〇）：一一九―一二五。

――――、［一九六〇―七〇］一九七八―八〇、『神聖喜劇』光文社。

作田啓一、［一九六〇］一九七二、「戦犯受刑者の死生観――「世紀の遺書」の分析」『価値の社会学』岩波書店、三六三―三九四頁。

――――、一九六四、「戦争体験の今日的意味」『思想の科学 第五次』（二九）：二―九。

佐藤健二、二〇一一、『社会調査史のリテラシー――方法を読む社会学的想像力』新曜社。

白井聡、二〇一三、『永続敗戦論』太田出版。

高橋哲哉、一九九九、『戦後責任論』講談社。

戸部良一・寺本義也・鎌田伸一・杉之尾孝生・村井友秀・野中郁次郎、一九八四、『失敗の本質』ダイヤモンド社。

冨山一郎、一九九五、『戦場の記憶』日本経済評論社。

内田隆三、一九八九、『社会記・序』弘文堂。

――――、一九九五、『柳田国男と事件の記録』講談社。

山本七平、一九八三、『私の中の日本軍』文春文庫。

安田武、［一九六三］二〇二一、『戦争体験――一九七〇年への遺書』ちくま学芸文庫。

――――、［一九六七］一九七七、『学徒出陣』三省堂。

第6章

丸山真男の歴史社会学
――遥かなる過去から東アジアの近代を見るとき

李永晶

丸山真男といえば、傑出した日本政治思想史の学者であり、「戦後思想の巨人」「啓蒙主義の旗手」「近代主義者」といった様々な一般的なイメージが浮かびあがってくるだろう。言うまでもなくこれらは彼の学問と思想がもつ政治性に深く根ざしたものである。しかしながら、あえて歴史社会学の視点から丸山を論ずる意味はどこにあるのか。

ここでいう「意味」は、客観的に実在するものでも、固定した作用でもない。解釈と呼ばれる私たちの「今現在」の精神的・知的な営みによって、絶えず生み出されたり失われたりするものである。本章は、日本社会を論ずる丸山の数篇の論文を素材に、現在の私たちの認識の枠組みを形作る、人間の共同生活の場としての社会のいくつかの特徴を捉え直してみたい。

1 「歴史社会」への丸山のまなざし

社会の歴史性と歴史の社会性

私たちがほぼ自明視している「今現在」の営みは、じつは受け継いできた「歴史」と「社会」に依存したものである。そのなかには、私たちがほとんど意識していない、大昔の時代からの刻印もある。歴史社会学について様々な考え方があるが、構築された「社会の歴史性」の解明にアクセントを置く作法は、一般的に共通している(佐藤 2001)。また歴史社会学は、オーソドックスな実証主義的な歴史学よりも「歴史の社会性」を鋭く捉えようとしている。この「社会の歴史性」と「歴史の社会性」を直ちにトートロジーと捉えるのは貧しい。真の問題はむしろ、そうした言葉の反復と往還のプロセスのなかにおいてこそ、「社会」というものに対する無視できない認識の差異が生まれてくることだからである。

前もって本章の暫定的な結論を提示しておくと、丸山の歴史社会学には、「歴史の社会性」を私たちに強く意識させるものがある。のちほど詳しく論ずるが、丸山の歴史社会学はもはや単純に歴史の視点から社会を解き明かす学問の一つの作法にとどまらない。むしろ「歴史社会」という新しい認識の対象を同時に構成しているのではないだろうか。

したがって、丸山の日本政治思想史論に「社会の歴史性」と「歴史の社会性」をめぐる考察を読みこむことが本章の主題である。丸山の学問と思想が非常に歴史性と社会性とに富んでいることの指摘から始めよう。残念ながら、従来の「政治思想史」の枠組みにおいては、この二つの側面もしくは属性の重要性が十分に認識されていない。この視点から丸山の学問をもう一度読み解くことは、十九世紀後半からの日本社会を含む東アジアの近代を見直すことに繋がってくると思う。端的に言えば、歴史の社会性と社会の歴史性は、「近代」という言葉に内在している、ある種の普遍性を砕く契機(momentum)だからである。

周知の如く、「モダン」（Modern）というタームは、十六世紀以降に西欧の神学者たちが提起した。その後の植民地主義とグローバル化を通じて、世界中の人々の「今現在」に対する自己意識を表す言葉となった。十九世紀の中葉から圧倒的な産業文明と軍事力を背景に、「モダン」は「近代」あるいは「現代」という訳語の形で、いわば呪術のように東アジア世界の人々の心を次第につかんでいく。「殖産興業」「近代の超克」といった日本に生まれた政策や理念、「社会主義」「文化大革命」「現代化」といった中国に現れた標語や運動などは、ともに「近代」のエネルギーを吸収し、思想として語り、社会政策等を通じて、その成就を図ろうとした。この時代はまた、戦争をはじめとする、数多くの悲劇を生み出したが、今日の人々が「モダン」という私たちの思考の枠組みを形作ってきた「呪術」からどれほど自由になったか。そのことはまだ、曖昧なまま明確には問われていない。もし思想家という主体自身もまた近代の所産だとすれば、丸山のような傑出した人物が「モダン」をどのように捉え、いかにしてそのパラドックスを解消しようとしたか。これはまさに私たちに与えられた、所与としての「社会」の理解にかかわる肝心な問いと言えよう。

以下においては、議論の一つの補助線として、従来の「日本の丸山真男」という枠組みを少し離れて、まず中国における丸山の受容を見ておこう。

中国の読者への丸山真男のメッセージ

丸山真男の名前が中国の読書人に知られるようになったのは、二十世紀も末になってからである。一九九一年に『日本の思想』の中国語版が出版され、その後『日本政治思想史研究』の訳本も出版されたからである。そして、『現代政治の思想と行動』と『忠誠と反逆』の中国語版は、それぞれ二〇一八年と二一年になって世に問われた。待望されていた訳本だからこそ、中国社会でどのようにこれらの本が受け取られるか、心配すべき点はないわけでもない。というのは、たんに「戦後日本の政治思想」としてのみ捉えられることになりかねないからだ。

たしかに、戦前の日本の軍国主義思想についての鋭い分析と批判、戦後民主主義や自由についての優れた解釈、一九六〇年代以降の平和憲法への揺るぎない支持表明は、政治学者としての丸山自身が考えている戦後日本社会のあるべき姿をアカデミックに映しだしている。東アジア社会の比較論者が、丸山の思想をそのまま中国社会の分析に応用する可能性も十分にあるだろう。しかし、表面的な異同に注目するだけでは、真の比較とはならない。丸山の近代日本についての分析を中国で再生産すること自体にもそれなりの意味があろうが、冒頭に指摘した「モダン」という言葉の呪術性に十分に意識しないかぎり、丸山自身が向かいあった「モダン」の社会性と歴史性を見落としてしまうだろう。

実際、一九六四年に『現代政治の思想と行動』（増補版）の後記のなかに、丸山ははっきり記している。今日の読者はたんにこの本を戦後日本の思想史、戦後史の「一種の資料として」読めばよい、と（丸山［1964］1996）。これは、作者の謙遜の意を表明するものだけではなく、まさに彼が自身の作品が有する歴史性および社会性を明確に意識していたことを示す表現そのものでもある。換言すれば、この本に収録されている諸論文の思想や理論が「近代主義」という用語で括られうる特徴を有しているがゆえに、一九六四年の時点におけるそれらのモチーフを再検討するための資料として読まれなければならない。それはまた、明治時代以来の日本が経た「近代化」の巨大な社会変動に照らして、読者自身の社会の「今現在」をもう一度見直そうという要請でもある。

ここには、社会を認識していく上での一つのポイントがある。すなわち、丸山の近代日本についての「モダン」をめぐる諸々のテクストの「社会性」と「歴史性」を解読することの重要性である。

書かれたテクストの社会性について、「思想史の方法を模索して」という論文のなかで、丸山はドイツの社会学者マンハイムの「存在の拘束性」（Seinsverbundenheit）をもって説明している（丸山［1978］1996）。つまり、丸山の思想史の「政治性」を支えているのは、時代の状況であり、その時代を拘束している「社会性」と「歴史性」そのものである。テクストのジャンルにかかわらず、そこに秘められている人間の社会と歴史の在り方を見よう、という呼びかけでもある。

そして、一九九一年に出版された論文集『福沢諭吉と日本の近代化』の中国語版に寄せたプロローグで、丸山は中国の読者に対して、とくに読み方の重要性を喚起しようとした。すなわち、中国の読者は福沢諭吉の考え方を、異なるコンテクストで読み直す必要があり、場合によっては福沢の思想を再び創造しなければならない、と（丸山 2018）。こう語った丸山が考えているのは、彼の福沢研究が「現代中国の読者」にとってどれほどの意味と価値があるかは分かりきった問題ではない、という問題提起である。これは読者を驚かせる言い方かもしれない。しかしながら、ときに想定されてしまうような普遍的で基準的な「近代」もしくは「現代」は存在しない。だからこそ、中国の読者は自分自身の「近代」もしくは「現代」を探さなければならない、というはっきりとしたメッセージである。

言うまでもなく、丸山は読者に対して自分自身の研究を無原則的に受容することを勧めてはいない。それはマンハイムの知識社会学の命題に基づく忠告なのである。丸山自身の福沢研究はあまりにも主観的だと一部の研究者から批判されているのだが、それは必ずしも正鵠を射た指摘ではない。福沢諭吉像を描き直すことを通じて、丸山が提出しようとしたのは、その当時における近代日本社会の自己意識そのものである。こうした立場は、アカデミズム世界の実証主義に忠実でない部分があるとの指摘を招くが、実証主義が捉える「近代」そのものを揺るがす瞬間でもある。

このような意味で、私たちが歴史性と社会性の視点から丸山の思想史をもう一度読んでみると、何が見えてくるか。たとえば、ここで読み落とされやすい「私たち」とはいかなる存在なのか、という問いがまず現れてくる。「近代」という時間は、たしかに同時代のなかの私たちの位置を相対的に示すものだが、同時にまた「私たち」の逃れることができない具体性を切断し隠蔽するものでもある。ゆえに、丸山が歩んでいた日本政治思想史の道を通して、私たちはもう一度歴史の深みに立ち入って、近代の東アジアおよび東アジアの近代の具体的普遍ともいうべき真相を探さなければならない。

こうした問いは「今現在」の私たちだけにあてはまる新たな設定ではない。そのことにも注意しなくてはならない。それはすでに丸山の思想と歴史意識にも内在するものだからである。戦時中に書かれた最初の著作、すなわち『日本政治思想史研究』が取り扱ったテーマは他でもない、「近代」へ向かっていく日本固有の思想的な契機を明らかにすることだった。そして戦後まもなく発表した「近代的思惟」(丸山［1946］1995)という論文で、近代西洋の否定をモチーフとした「近代の超克」という戦時中の観念を批判するとともに、日本は近代と無縁だというペシミスティックな論点を同時に批判したのも、戦後という時代の歴史性・社会性と向きあっていたからである。

アカデミックな生涯の後期になると、丸山は自らの政治思想史の方法論についての検討や回顧のなかにおいて、日本における「近代」そのものの在り方に直接に光を浴びせることを模索していく。その代表的な作品が、「歴史意識の「古層」」という論文である(丸山［1972］1996)。その後、丸山はこの主題を数回語るが、「原型・古層・執拗低音」という論文(丸山［1984］1996)はその思考がたどりついたところを示す重要な論文である。丸山が発見した「原型」、「古層」もしくは「執拗低音」の問題は、日本をはじめとする東アジア社会に生きる人々が「近代化」のプロセスを理解する上で重要であり、示唆に富む視線を提供している。

ここで強調すべきは、丸山の近代論自体が、近代日本のラディカルな社会変動に根ざし、十九世紀半ば以降の日本の成功と失敗に、その研究と方法論の原点を有することである。また、東アジアの社会変動からすると、近代日本が問題視しつつあった「近代」はけっして日本だけの問題ではない。そのことは、今日において一層明らかになっている。

2 「精神構造」から「執拗低音」までの歴史認識

精神構造批判の意図せざる効果

丸山を戦後思想の論壇で一躍有名にしたのは、「超国家主義の論理と心理」という論文である。雑誌『世界』の一九四六年五月号に掲載されたとたん、当時の言論界を揺るがすものとなった。約二十年後の一九六四年に戦後日本を創り出した代表的な論文として、言論界に広い影響を持つ『中央公論』が選んでいる。多くの論者がすでに指摘したように、数多くの読者の心を揺るがしたのは、思想史の視点から日本ファシズムの精神構造を解明するものであったからだ（植手 1995）。

では、どうしてこの分析が、それほどの効果をもたらしたのか。

論文のタイトルにある「心理」の概念は、主旨を理解するポイントである。あまりにも有名なので詳細な紹介は省くが、簡単に言うとこの論文は、大日本帝国のファシズムの「精神構造」と「心理基礎」について論述し、人々に与えた強力な心理的インパクトを重視している。丸山は「経済の下部構造」のような、いわゆるマルクス主義の「科学的」概念を用いずに、直接に人々の日常生活を支える感受性に視線を向けようとした。「天壌無窮」や「神武創業」といった観念および価値が当時の日本社会の隅々に浸透していたという点を考えると、丸山の批判は実に戦前の日本社会の観念システムの分析だけではなく、人々の心に焦点を照準し、読者をそれぞれ心理の深みにある問題にまで導いていったのである。この知性に溢れる論文は「懺悔の共同体」という社会心理の状況と合致して、大きな影響力を及ぼしたと言えよう（竹内 2005）。

しかしながら、ここでの目的は、当時の言論状況を再現することではなく、むしろ論文のもう一つの歴史性を確認することである。すなわち、近代世界システムの構成原理たる国家理性は、ある意味で一つの「狂気」そのものであり、しかも人間性に内在する。ゆえに、「新しき時代の開幕はつねに、既存の現実自体が如何なるものであったかについての意識を闘い取ることの裡に存する」というラッセルの言葉を借りて、丸山は「国民精神の真の変革」が「精神革命」なしには達成できないという強い主張を提出した（丸山［1946］1995：18）。こうした近代日本の自己批判について、当時では「もっぱら欠陥や病理だけを暴露した」とか、西欧の近代を理想化して、「それとの落差で日本の思想伝統を裁いた」といった反論があったが、丸山自身がそれに対して「戦争体験をくぐり抜けた一人の日本人としての自己批判」をもって対応した点は忘れてはならない（丸山［1961］1996：113）。これは有効な自己弁明だと思われる。

その一方で、日本－西欧、伝統－近代といった認識の図式に依存した点では、丸山は自分自身の批判の有効射程を短いものにしたと言わざるを得ない。もし批判の対象を「近代日本」から一旦離してみると、一九四〇年代の日本の失敗は、近代植民地主義の世界秩序の失敗そのものだと言い換えたほうがよかろう。ゆえに、近代日本の失敗がどうして近代世界の失敗でもあったか、というような問題を提起すれば、今日の私たちは新たな知見を得られるかもしれない。この点については、丸山が後年提起したもう一つの概念、すなわち思想の「原型」と照らしてはじめて、いくつかの示唆が得られるだろう。

一九六三年に日本政治思想史の講義のなかで、丸山は日本歴史の連続性を説明するため、「原型」および「古層」という言い方を提起した。これらの概念は「精神構造」と似た拘束性を有するものだが、社会認識の上で決定的な差異がある。まず指摘しておきたいのは、この時点になってはじめて、丸山が行った近代日本の自己分析は、時代状況を超える有効性を獲得したという点である。当然ながら、彼の思想史論は依然として「モダン」や近代の自己意識による自己分析であったが、「原型」という言葉を持ち出すことにおいて、モダンの自己意識の平板な再生産の連鎖を切断した効果が現れたといえるのではないだろうか。

日本の歴史意識の「古層」

一九四六年に日本国民の精神革命の可能性を狙って「超国家主義の論理と心理」を書いた丸山は、のちに明治時代の啓蒙思想家福沢諭吉などについての研究を通じて、「自由な主体」のイメージを具体的に描くことを試みた。これは、自己批判の延長線上にある自己の再建と思われがちだが、注目すべきは、一九六三年の講義に見られたように、丸山が、自分のまなざしを次第に太古の日本民族の生活に転じて、そこから日本という場における生活共同体の「論理と心理」を解き明かそうとしたことである。

そして、丸山は一九七二年に「歴史意識の「古層」」という論文を発表し、彼の最新の認識を公表した。この論文に関して、一九六〇年代に流行した様々な「日本文化論」――すなわち日本文化の特殊性についての論述――に対する丸山自身のレスポンスであり、丸山自身の「日本文化論」だという指摘があるが、それは一面では当たっている（竹内 2005: 264-70）。ただ、その局面から見るだけでは、丸山の歴史社会認識の特質を見損なうことになるだろう。

この論文のなかで、丸山は日本文化の「論理と心理」の基礎を日本の神話に見出そうとしている。八世紀に編纂された『古事記』と『日本書紀』に載った神話の叙述の様式に、ある種の執拗に存続する思考の枠組みがすでにあったと考える。丸山によれば、こうした「基底的枠組み」という発想は彼自身によるものではなく、江戸時代中葉の思想家本居宣長が考えついたものだという。

丸山は論文の冒頭にこう書いている。

> 本居宣長はそのライフ・ワークである『古事記伝』のなかで、「古へより今に至るまで、世の中の善悪《よきあし》き、移りもて来しさまなどを験《こころ》むるに、みな神代の趣に違《たが》へることなし、今ゆくさき万代までも、思ひはかりつべし」（三之巻）、「凡て世間《よのなか》のありさま、代々時々に、吉善事《よごと》凶悪事《まがごと》つぎつぎに移りもてゆく理《ことわり》は〔……〕悉《ことごと》に此の神代の始の趣に依

るものなり」（七之巻）として、未来をふくむ一切の「歴史の理《ことわり》」が「神代」に凝縮されているということをくりかえし主張している。（丸山［1972］1996: 3-4）

宣長の指摘を敷衍して、丸山はさらに「なる」、「つぎ」と「いきほひ」の三つの基底範疇を抽出し、日本の歴史意識の古層をなす範疇だと主張した。さらに、日本の歴史変遷の論理を「つぎつぎになりゆくいきほひ」というフレーズをもって定式化しようとした（丸山［1972］1996: 45）。

ここでの関心は、丸山の古典解釈が完璧かどうかという点にはなく、日本の歴史の変遷の捉え方を通じた、彼自身の歴史意識の見直しにあるのである（水林 2002）。丸山によれば、これらの範疇はいつの時代でも歴史的思考の主旋律をなしていたわけではなかった。むしろ、儒教、仏教、老荘思想など大陸渡来の諸観念や、明治維新以降には西欧からの輸入思想のほうが支配的な主旋律であった。しかしながら、こうした外来の思想を受容した際に、前述した三つの基底範疇がつねに作動した。それらの範疇は「つぎつぎ」と摂取された諸観念に微妙な修飾を与え、「ときには、ほとんどわれわれの意識をこえて、旋律全体のひびきを「日本的」に変容させてしまう」（丸山［1972］1996: 45）ことになった。すなわち、大陸や西欧から伝来した普遍主義の原理が日本社会に土着化する過程で、固有の手法による「修飾」が起きていたのである。こうした「修飾」自体が、日本の社会性における固有の原理であって、日本的思考の「古層」だと丸山は考えている。

では、以上の解釈は単純に歴史の連続性あるいは不変性と呼ばれるべきだろうか。答えは恐らく「否」である。丸山の「古層」が示唆しているのは、変わらない連続性というより、むしろ「無窮性」という時間の一種の不在であり、そこに存在するのはいわば時間との交わりを通じて自覚化された「永遠の今」なのである。ここに丸山の「社会の歴史性」「歴史の社会性」の認識が交錯する可能性がある。

こうした日本の思考様式について、丸山はさらに次のような特性に注目した。すなわち、歴史的相対主義が世界のどこよりも発達したのだ、と。この論文の末尾に、丸山は日本文化と政治の変動の論理をまとめている。

歴史的認識は、たんに時間を超越した永遠者の観念からも、また、たんに自然的な時間の継起の知覚からも生まれない。それはいつでもどこでも、永遠と時間との交わりを通じて自覚化される。日本の歴史意識の「古層」において、そうした永遠者の位置を占めて来たのは、系譜的連続における無窮性であり、そこに日本型の「永遠の今」が構成されたこと〔は〕、さきに見たとおりである。〔……〕すべてが歴史主義化された世界認識――ますます短縮する「世代」観はその一つの現われにすぎない――は、かえって非歴史的な、現在の、そのつどの絶対化をよびおこさずにはいないであろう。しかも眼を「西欧的」世界に転ずると、「神は死んだ」とニーチェがくちばしってから一世紀たって、そこでの様相はどうやら右のような日本の情景にますます似て来ているように見える。もしかすると、われわれの歴史意識を特徴づける「変化の持続」は、その側面においても、現代日本を世界の最先進国に位置付ける要因になっているかもしれない。（丸山［1972］1996：63-4）

これは「現代日本」についての解説ではなく、「古層」意識についての描写である。日本の歴史意識には、儒教、仏教もしくはキリスト教に見られるような永遠の観念が存在しない。しかしながら、物事が次から次へと変わっていく、無限の直線のような思考の様式がある。こうした思考の環境のなかで、日本民族は外来の文明に対してけっして排斥の態度を取らずに、むしろ特定の勢いによって、それらを超越した「永遠者」として受け入れる。そして時間が経つにつれ、最終的にその永遠者もしくは絶対者の観念もまた相対化されていく。このプロセスのなかで日本という民族の社会が存立してくる。

興味深いことに、近代日本の自己批判としての「超国家主義の論理と心理」と同じく、丸山はこの論文においても人々の「心理」に注目しているのである。換言すれば、「事実」は外の世界にではなく、人々の日常的感受性もしくは心の内部にある。こうして、丸山は「モダン」や「近代」の時間意識の拘束性、すなわち歴史意識の規範性から少なくとも一時的に自由になったと言えよう。「近代」とは普遍的に共有されている時間意識ではなく、各民族の歴史意識に深く根ざす物事に対する思考の様式そのものなのである。

だからこそ、私たちはここで一つの新しい問題を処理しなければならない。「近代主義者」=近代西欧の価値の支持者としての丸山が、そうした無窮性を有する直線的な変化に日本独自の「歴史の理」を見出したとき、彼は一体どのように戦後民主主義の実践と思想を見ていたのか。「天壌無窮」と連想させがちな「無窮性」という歴史認識は、いわゆる日本主義への回帰なのだろうか。また、「日本を世界の最先進国に位置付ける要因」という表現に至ると、読者の脳裏に「近代の超克」という戦時中のスローガンが彷彿として蘇ってくるかもしれない。難しい問題であり、さらなる議論をここで行う余裕はないが、少なくとも一つ、はっきり指摘できる点がある。すなわち、丸山が描き出した様々な「外来」の考え方や観念と「古層」との持続的な相互作用の結果として、日本のモダンや現代の自己意識が成立したという、日本の歴史認識の状況である。逆に言えば、そうした再生産のプロセスの自覚においてのみ、「近代」を脱呪術化することができるだろう。

「古層」や「執拗低音」といった比喩の意味

したがって、一九七二年に古層論を展開した丸山は日本主義へ転向したわけではない。むしろ、「日本的なもの」をより深く分析することこそが、彼の学問の関心そのものであったと言える。丸山自身の述懐によれば、一九五九年に、彼はすでに外来文化と「日本」との関係に注目していた。そして一九六三年に行った学生向けの講義のなかで、丸山ははじめて「原型」(prototype)という認識の枠組みを提出している。「古層」という表現は、「原型」という認識の枠組みの歴史意識の上での一つの現れである。つまり、こうした日本の歴史社会についての認識は突如に現れたものではない。

丸山によれば、「原型」という言葉は、人々にある種の宿命論的なイメージを与える。すなわち、日本人の世界観はすでに古代の日本で決められてしまっているように響く。これに対して、「古層」というのは地層学的な比喩で、まるで地質学の一番下の層のように存在し、次々と外から入ってきた外来思想がその上に積み重なってきて、一種の構造をなすという印象を与える（丸山［1979］1996: 181-3）。構造はあくまでも構造であり、実体ではない。だから、「古層」は伝統主義者や日本主義者が主張するような、固定的で変わらない日本固有の思想や文化形態ではない。それは、外来の思想や文化を吸収しながら変容させていって、日本的なものとなっていくプロセスである。こうして、丸山は当時流行していた様々な日本文化論と自らを区別した。

そして、「古層」という言葉が持つ宿命論的な響きをさらに弱めるために、丸山は一つの音楽学のターム、すなわち「執拗低音」（basso ostinato）を用いるようになった。それは、執拗に繰り返される低音音型という意味で、いつも音楽に登場し、他の声部と一緒に響いて、一つの楽章をなす。一定のリズムと和声のパターンとしての低音は主旋律になりえない。執拗低音だけでは楽章を成り立たせることができないのと同様に、「原型」や「古層」だけでは日本的なものが成立しない。つまるところ、執拗低音とは、日本的なものと一括りにされている様式や形式を識別させられる「何か」（something）そのものである。この「何か」もしくは「サムシング」は、日本思想や文化から外来の観念や概念が消去されてはじめて、現れるのである（丸山［1984］1996: 149）。

非常に複雑かつ精密な歴史社会の捉え方だからこそ、その「何か」の正体を描き出すために、丸山は様々な比喩を使う。比喩はあくまでも比喩だと言い張る人がいるかもしれない。しかし、ここで指摘しなければならないのは、比喩はけっしてたんなる修辞や説明の便法ではなく、場合によっては私たちの思考を構築する方法でもあり、「論理」や「心理」そのものをなすものでもある。私たちはまさにこれらの比喩から、丸山真男という思想史家が意識している、対象としての日本の歴史社会を読み出すことができるだろう。

前に述べたように、丸山はいわゆる「消去法」を通じて、空や無に近い思考の深いところに到達し、日本的なものと思わせる「サムシング」の認識に光を浴びせようとした。丸山は、そうした「サムシング」に日本の主体性と歴史の創造性を発見した。興味深いことに、こうした一連の議論を通じて、十九世紀以来の、西欧伝来の「モダン」の普遍性が相対化され、日本の「歴史社会」のいつもすでにあったような姿が再び浮き上がってきた。

3 戦後の民主主義がどうして成功したか?

では、さきに指摘した「日本の主体性」や「歴史の創造性」とは何か。当然、「原型」や「古層」を探究する丸山の問題意識には、戦後民主化という時代の大きなうねりがかかわっている。前述の通り、「超国家主義の論理と心理」で、丸山は近代日本の「国体」や「国家」の独特な性格に注目した。ただ、当時の丸山は、近代西洋の「中性国家」(国家主権の基礎を純粋に形式的な法機構の上に置き、真理や道徳の内容的な価値に対しては中立的な立場をとる)という理念に基づいて近代日本の歴史社会に対する批判を展開したのである。これは、のちほど批判されるように、たしかに近代主義者に見られる一種の「欠如論」と同じである。すなわち、西洋近代との比較を通して、日本社会にないものを指摘し、近代日本の失敗を説明する議論の様式である。こうした論法は、いわゆるオリエンタリズムのまなざしをもって、近代西洋の観念的覇権を正当化させていく効果がある(酒井 1996)。

注目すべきは、丸山自身が早いうちに「欠如論」の発想様式の問題点に気づいていたことである。一九五九年に書いた「開国」という論文で、日本固有の思想史の課題を探し始めている。民主主義は日本の歴史社会にとって一体どのようなものなのか、この真の問題に内面から向かおうとする意図が読み取れる。丸山は一種の超歴史的、少なくとも超近代的なまなざしから、西洋発の民主主義の日本社会における成否の問題を見直そうとした。

丸山はまずこう指摘する。「開国」とは日本、朝鮮、中国など東アジアの国々に特有の問題であり、西洋の衝撃に面して、これらの国々は否応なしに国の門戸を開くこととなった。すなわち、東アジアの国々の変遷のメカニズムを解き明かすに当たって、内部からだけではなく、外部からの要因にも大きな説明力があるということである。そして、丸山は重要な「文化接触」という概念を提起する。突如に現れた外来文化の影響の下で、東アジアの国々は「世界」の存在を意識するようになった。もしそうした文化の接触の契機がなかったら、歴史社会に変動をもたらすモメンタムが生まれてこなかっただろう。このようにして、丸山は戦時中の作品たる『日本政治思想史研究』に見られる、ヘーゲル－マルクス主義的な「縦」の歴史発展の段階論に対して、重大な修正を行った。「横」からの、すなわち外来の要素は、東アジア諸国の歴史社会の形態を大きく変えたのである。

丸山はさらに指摘する。この「開国」の視点からすれば、日本社会は鎖国体制にもかかわらず、文化の面でずっと「開かれた社会」であり続けてきた。アジア大陸の文化と文明を吸収し続けてきたからだ。これに反して、社会関係の面で日本社会は身分のヒエラルキーを重んずる「閉じた社会」であり続けてきた（丸山［1959］1996: 48-9）。こうした日本の歴史社会に内在する二つの属性から、戦後日本社会の変容を解釈すれば、もっと様々なことがわかるだろう、と丸山は示唆する。

詳しい紹介は省略するが、要するに、日本固有の政治思想史の課題を探ることを通して、丸山は「戦後民主主義」の存立構造について、日本の歴史社会のコンテクストに即した説明を行ったのである。戦後の民主化改革はたしかに占領軍によって主導されたのだが、政治や経済構造の変動だけでは、けっして「戦後民主主義」という新しい生活や観念の形態を説明しきれない。その背後にはある種の日本固有の「論理と心理」がある。これについて丸山は、「集団転向」という概念で説明する。つまり、横からの、外来の圧力の下で日本国民はトータルに民主主義という観念を受け入れるようになった。したがって、戦後民主主義の成立は、啓蒙主義者が唱えていた「自立した個人」とか「市民社会」とかによるものというよりは、むしろ心理のレベルにおいてそうした「転向」が生じたからこそ、「自立した個人」や「市民社会」といった西洋的な観念が定着した、ということになる。

こうして、戦後民主主義の成立には、「古層」として指摘した日本固有の属性が執拗に作動していたと言えよう。そして、丸山は、民主主義がなぜ国民のコンセンサスとなったかについて、新しい「論理と心理」を提示した。その結果、近代主義者もしくは一般の自由主義者による理念先行の解釈を覆すことになった。さらに踏み込んで言うならば、戦後民主主義の成功は、日本固有の思想的文化的土壌が果たした役割が大きかった。丸山がのちに行った「原型」、「古層」もしくは「執拗低音」の発見や議論は、ともに戦後民主主義を日本の歴史社会の特質から説明しようとしたものと見ることができる。この意味で戦後民主主義の成功は、普遍主義的な政治原理の勝利というより、むしろ日本の歴史社会の生命力を意味するものであろう。

興味深いことに、丸山は「原型」や「古層」、「執拗低音」を日本の社会認識の道具として鍛えて造ることには躊躇いをもっていた。一九七九年に発表した「古層」を論じた論文のなかで、彼は以下のように述べている。

> つまり「古層」が持続する条件はなくなって行くと思います。ただ私のなかにヘーゲル的な考え方があります。つまり、〝自分は何であるか〟ということを自分を対象化して認識すれば、それだけ自分の中の無意識的なものを意識のレヴェルに昇らせられるから、あるとき突如として無意識的なものが噴出して、それによって自分が復讐されることがより少なくなる。つまり、〝日本はこれまで何であったか〟ということをトータルな認識に昇らせることは、そうした思考様式をコントロールし、その弱点を克服する途に通ずる、という考え方です。（丸山［1979］1996：222）

すなわち、「古層」を解き明かす目的は、その力学に宿命論的に従うことではなく、そうした思考様式をコントロールし、その弱点を克服することだ、と丸山は述べる。戦時中の体験を持つ丸山にとっては、近代日本帝国の失敗に「古層」のメカニズムが作動していたのは、否めないことだ。だから、どうしてもその「弱点」が克服されなければならない。他方、戦後日本社会が成し遂げた様々な成果にもまた「古層」が演じた役割があるとも考えられる。そこで、どのようにしてその「弱点」にスポットライトをあてて、それを克服することができるか。残念ながら、丸山自身がそれ以上の説明を行うことはなかった。

付言すると、丸山の歴史社会の認識に問題点があることを指摘する意図はない。むしろ、丸山が提起した「原型」や「古層」、「執拗低音」といった長い時間のなかで繰り返し現れる思考様式に照らして、私たちの社会や歴史認識をもう一度更新させることが重要だ、という点を指摘したい。「モダン」という時間や時代意識がどれほど私たちの存在を規定しているか。これはすでに決められていることではない。

4 「近代の超克」と東アジアの歩み

以上、私はやや大きな尺度で丸山の日本社会論を捉え直してきた。丸山がけっして単純な「近代主義者」ではないことはもう明らかになっただろう。民主主義はたしかに固持すべき理念であり、現代の生活様式でもある。ただ、それはいわゆる戦後民主化の改革の結果としてよりも、むしろ新しい「開国」の結果であると捉えることで、そのメカニズムないし中身をよりはっきり説明することができる。前述のように、丸山は「集団転向」という用語をもって、国民の信仰や心理のレベルから、戦後日本の歴史社会を分析しようとした。

その結果、丸山は日本社会の現代社会への歩みにおける特殊性を明らかにした。より具体的に言うならば、日本帝国の敗戦から戦後社会の再建までの巨大な裂け目から、歴史と民族、あるいは本章が言う「歴史社会」の真実を洞察しえた。それは大昔からいつもすでにあった、物事に対する感受性と認識の様式を浮かびあがらせるものでもあった。それは「無窮性」と言い換えてもかまわない。私たちがときに発する「社会の歴史性」という言葉には、私たちがはっきりと意識できない「歴史性」が存在する。もともと、その存在を意識に昇らせることにはただならぬエネルギーが要る一方、前近代から近代への転換の著しさはさらに私たちの意識を阻んでしまった。仏教、儒教および近代西洋の文化がいずれも日本の歴史社会の地表景観をなしていることは、それはまた「古層」としての日本的なものが執拗に作動した結果にほかならない。

これは、戦後民主主義の成功についての一つのナラティブなのか。そう見ても間違いではないが、認識上で肝心な点が一つ見落とされてしまうだろう。すなわち、近代日本が経験した大きな変容は、近代民主主義のグローバルな成功に対して一つの証拠を提供するだけではない。モダンや近代に対する日本なりの抵抗や克服があるからこそ、民主主義が今日の成果を達成したのである。この意味では、「近代の超克」はいわゆる軍国主義時代のイデオロギーとしてではなく、日本の歴史社会の「古層」の一つの現れとして捉え直してもよかろう。そして近代日本に湧いていた巨大なエネルギーを、「超克」という論理と心理によって説明することもまた可能である。

一九八二年に刊行された『現代政治の思想と行動』の英語版への著者序文のなかに、次のような文章がある。やや長いが、引用しておこう。

> 本書の読者は、「進歩的」「革命的」「反革命的」「反動的」といった、読者にはもはやなじみのないような言葉遣いをここに見出すであろう。私自身にしても、もし私が今日書くとしたならば、こうした言葉をもう少し控え目に用いるかもしれない。しかし私は歴史における逆転しがたいある種の潮流を識別しようとする試みをまだあきらめてはいない。私にとって、ルネッサンスと宗教改革以来の世界は、人間の自然に対する、貧者の特権者に対する、「低開発側」の「西側」に対する、反抗の物語であり、それらが順次に姿を現し、それぞれが他のものを呼び出し、現代世界において最大規模に協和音と不協和音の混成した曲を作り上げている最中である。われわれは、これらの革命的潮流を推進する「進歩的」役割を、なんらかの一つの政治陣営にア・プリオリに帰属させる傾向にたいして警戒を怠ってはならない。（丸山［1982］1996：48–9）

こうした表現は歴史意識の「古層」、「心理」および「現状認識」との三者の統一に私たちの注意を促しているだろう。その統一は一種の「反抗」の歴史の必然性を意味する。したがって、前述した「近代の超克」には歴史社会の創造の精神が潜んでいるのである。ただし、そうした「創造の精神」は特定の価値が規定する理想的な社会生活の創出を意味するのではなく、なんらかの具体的な価値を前もって確定しないまま、ひたすら現存の状態を克服しようとしている状態でもある。重要なのは、そのメカニズムやエネルギーは今現在の私たちにあるのではなく、歴史社会の深いところにいつもすでにあった、ということである。「モダン」が意味する近代的な主体性というのは、じつは自明的なものではなく、また超越的で固定的なものでもない。

当然ながら、ここで哲学的あるいは歴史的論点を展開する余裕はない。丸山自身がはっきり指摘したこと、または明言するに及ばなかったことをもう一度整理して提示することが、本章の目的である。したがって、最後に指摘しなくてはならないのは、思考様式としての「古層」や「執拗低音」が、実に日本の歴史社会の存立の基盤となり、文明への歩みのなかで持続的かつ安定した心理的エネルギーと世界認識の枠組みを提供し続けている、ということである。このように「歴史の社会性」と「社会の歴史性」を往復する思考こそ、丸山に学ぶべき普遍性なのである。各々の歴史社会の在り方を解き明かす際に、それぞれの「原型」や「古層」を描き出すことは、丸山の歴史社会学が教えてくれる作法だと言えよう。

本稿は、二〇一八年十一月に華東師範大学で開かれた丸山真男についてのシンポジウムにおける筆者の報告に基づいて、新たに書き下ろしたものである。報告の原稿は論文集『丸山真男——在普遍性与特殊性之間的現代性』(許記霖・劉擎編、二〇二一年四月、江蘇人民出版社)に収録されている。

【文献】


丸山真男、［一九四六］一九九五、「近代的思惟」『丸山真男集　第三巻』岩波書店、三―五頁。

――――、［一九五九］一九九六、「開国」『丸山真男集　第八巻』岩波書店、四五―八六頁。

――――、［一九六一］一九九六、「『日本の思想』あとがき」『丸山真男集　第九巻』岩波書店、一〇九―一一八頁。

――――、［一九六四］一九九六、「増補版　現代政治の思想と行動　追記・付記」『丸山真男集　第九巻』岩波書店、一六一―一七五頁。

――――、［一九七二］一九九六、「歴史意識の「古層」」『丸山真男集　第十巻』岩波書店、三―六四頁。

――――、［一九七八］一九九六、「思想史の方法を模索して」『丸山真男集　第十巻』岩波書店、三一三―三四七頁。

――――、［一九七九］一九九六、「思想史における「古層」の問題」『丸山真男集　第十一巻』岩波書店、一二三―一二五頁。

――――、［一九八二］一九九六、「『現代政治の思想と行動』英語版への著者序文」『丸山真男集　第十二巻』岩波書店、四一―五一頁。

――――、［一九八四］一九九六、「原型・古層・執拗低音」『丸山真男集　第十二巻』岩波書店、一〇七―一五六頁。

――――／欧建英訳、二〇一八、『福泽谕吉与日本近代化』北京师范大学出版社。

水林彪、二〇〇二、「原型（古層）論と古代政治思想論」大隅和雄・平石直昭編『思想史家丸山眞男論』ぺりかん社。

酒井直樹、一九九六、『死産される日本語・日本人』新曜社。

佐藤健二、二〇〇一、『歴史社会学の作法』岩波書店。

竹内洋、二〇〇五、『丸山眞男の時代――大学・知識人・ジャーナリズム』中央公論新社。

植手通有、一九九五、「解題」『丸山真男集　第三巻』岩波書店、三五五―三八〇頁。

第7章　昭和五十年代を探して

高野光平

1　「昭和三十年代」はなぜ使われるのか

私たちは、近い過去を時間的なまとまりでとらえるときによくディケイド（十年間）を用いる。日本のディケイドには西暦ベースと元号ベースがあるが、平成に対しては元号ベースがほぼ使われていない。私たちは「平成十年代」とか「平成二十年代」という言い方をほとんどしない。国立国会図書館の検索システムＮＤＬ－ＯＮＬＩＮＥで調べると、「平成十年代（10年代）」をタイトルに含む書籍はわずか二冊、「平成二十年代（20年代）」も六冊である。平成は単年ではよく使うが、ディケイドで使うことはきわめてまれだ。

戦後昭和はどうだろうか。同じくＮＤＬ－ＯＮＬＩＮＥを用いて、戦後昭和の九つのディケイド、昭和二十、三十、四十、五十、六十年代、一九五〇、六〇、七〇、八〇年代をタイトルに含む書籍の数を、すべてのディケイドが終わった一九九〇年から二〇二〇年までの範囲で数えたところ、結果は表1のようになった。

全体的に西暦ディケイドのほうが多い中で、昭和三十年代は比較的健闘している。昭和四十年代も多いが、『昭和四十年代の蒸気機関車写真集』というシリーズが五十一冊含まれているのが大きく、それを除けば昭和三

表1　1990年～2020年刊行の書籍タイトルに含まれるディケイド数（単位：冊）

昭和60年代	3
1980年代	268
昭和50年代	18
1970年代	201
昭和40年代	118
1960年代	222
昭和30年代	143
1950年代	94
昭和20年代	35
計	1,102

※西暦ディケイドは下２ケタ表記（「80年代」など）やカンマＳ表記（「80's」など）を含む。
※「昭和30～40年代」「1980年代以降」など範囲を示すものは除外。単独のディケイドのみカウントした。

十年代の半分ほどだ。一方、このふたつと比べて昭和五十年代はかなり少ない。もちろん四年と一週間しかなかった昭和六十年代がもっとも少ないわけだが、昭和五十年代もそれとあまり変わらないくらいの少なさである。

　昭和三十年代が多いのは、いわゆる昭和ノスタルジー系の書籍に好んで用いられたからだ。

　表1にあげた一一〇二冊の書籍を分類すると三十四のジャンルに分かれるが、そのうち元号ディケイドの使用率がもっとも高いジャンルは「写真集・画集」「地域の歴史をつづった本」「昔のくらしについて書かれた本」「昔の世相や文化を総合的にまとめた本」の四つで、そのほとんどは昭和三十年代をテーマにした、古き良き昭和を懐かしく振り返る本である。

　これらの本に影響を与えているのが二〇〇〇年代に巻き起こった昭和ノスタルジーブームだ。二〇〇五年公開の映画「ＡＬＷＡＹＳ　三丁目の夕日」でピークを迎えたこのブームは、映画の世界観そのままに、貧しくても夢があった、人と人のあたたかなつながりがあったという点を強調する多くのコンテンツを生み出した（昭和ノスタルジーブームの詳細は、高野 2018: 253-334を参照）。そのとき西暦ではなく元号のディケイドが好まれたのは、「昭和」という言葉が終わってしまった時代を意味していて、失われた過去への想いをかきたてる力を帯びているからだ。

　しかも昭和三十年代というくくりは、そうした古き良き時代を描くうえでちょうどよい範囲をカバーするものでもあった。昭和の場合、西暦ディケイドと元号ディケイドは最大幅の五年ズレているので、どちらのディケイドを選ぶかで時代の見え方がけっこう変わってくる。たとえば一九六四（昭和三十九）年の東京オリンピックを西暦の一九六〇年代でくくると、所得倍増計画からオリンピック景気、いざなぎ景気へと続く高度成長最盛期のど真ん中に位置するイベントになる。ところが昭和三十年代でくくると、敗戦から立ち直り、東京タワー建設、皇太子ご成婚をへて高度成長に突入する復興物語のゴールになる。前者はモノにあふれたゆたかな社会であり、後者はいわゆる「貧しくても夢があった」時代だ。「ALWAYS」を中心とした昭和ノスタルジーブームは後者の物語を基本にしていたので、昭和三十年代というくくりと相性がちょうどよかったのである。

こうして昭和三十年代はもっともよく使われる元号ディケイドになった。もちろんすべてがノスタルジーを意図したものではない。かくいう私も、『テレビ・コマーシャルの考古学――昭和三十年代のメディアと文化』（編著、二〇一〇年）、『発掘！歴史に埋もれたテレビCM――見たことのない昭和三十年代』（二〇一九年）という二冊を出しており、表1の数字に含まれているのだが、ノスタルジー本を書いたつもりはなかった（読み手がどう受け取ったかは分からないが）。とはいえ、全体として数が多くなったのはやはりノスタルジー本が充実していたからである。

2 「昭和五十年代」はなぜ使われないのか

昭和四十年代や五十年代に対しても「いま見ると懐かしい」ノスタルジー感覚や、「いま見ると新しい」レトロ感覚は幅広く存在するのだが、元号ディケイドはあまり使われていない。その理由はいくつか考えられる。

第一に、この時期を振り返る書籍にはファッション、音楽、アートなどグローバルな視点を含むジャンルが多く、西暦のほうがなじみやすい。また、現在につながるカルチャーの源流というとらえ方が強いので、現在と断絶した昭和という言葉がうまくハマらないようにも見える。昭和三十年代の場合は断絶しているからこそ昭和が好んで使われたわけだが、四十年代以降は逆効果というわけだ。表1にはアート関係の書籍が七十二冊、音楽関係の書籍が一六〇冊あるが、元号ディケイド使用率はそれぞれ二・八%、五・〇%にすぎなかった。

第二に、昭和四十～五十年代はマンガ、アニメ、アイドル、ゲームなど様々なサブカルチャーが花開いた時期でもあるが、それぞれの論壇がいずれも西暦ディケイドを好んでいる（理由はよく分からない）。表1にはこの四つのジャンルを扱った本が計三十五冊含まれているが、三十四冊が西暦ディケイドだった。

第三に、これはとくに昭和五十年代に言えることなのだが、昭和五十年代の文化や社会に対して本格的なノスタルジーやレトロが成立したのがわりと最近で、昭和が遠くなってしまったため、十年ごとの細かな区分があまり気にされなくなった。つまり、昭和をざっくりとらえるようになってきたのである。「昭和歌謡」や「昭和っぽい」と言ったとき、それが何年代のものかはあまり問題ではない。実際のところ、昨今の若者たちが昭和レトロと言ったとき、その対象の多くは昭和五十年代のものなのだが、そうやってディケイドが名指しされることはほとんどなく、たんに昭和と呼ばれる。だから昭和五十年代は潜在化してしまったのだ。

もう少し大きな視点でも考えてみたい。社会学者の鈴木洋仁は著書『「元号」と戦後日本』（二〇一七年）の中で、この問題を考える重要なヒントとして大澤真幸による次の議論を挙げている（鈴木 2017: 24-8）。

> 昭和三十年代という言い方になるときは、いわば日本人は日本人という自覚の下で生きているんですね。ところが昭和四十五年ぐらいを境にそういう時代区分が意味がなくなる。つまり、自分は日本人であるということが多くの日本人にとって派生的な意味しか持たないかのように感覚される時期が、昭和四十五年を境に起きているんですね。だから昭和五十年代、六十年代という言い方はないんです。（大澤 1998: 18）

つまり、昭和四十年代の途中で日本人のアイデンティティがドメスティックからグローバルへと転換したから、元号ディケイドによる自己認識は中心的な意味を持たなくなったということだ。昭和五十年代をリアルタイムで生きていた人は、いま自分は昭和五十年代を生きているという実感よりも、一九七〇年代や八〇年代を生きているという実感のほうが優先していたという話である。

たしかに、昭和三十年代までは海外旅行も自由に行けないし、テレビの衛星中継もほとんどないし、洋楽は日本語に翻訳されてカバーされていたし、外国に直接触れる機会が少なくて、世界の中の日本という自覚を持ちにくい時代だった。しかし昭和三十九年に東京オリンピックがおこなわれ、海外旅行が自由化し、テレビから世界中の映像が届くようになって、そして昭和四十五年に「人類の進歩と調和」「世界の国からこんにちは」と謳われた大阪万博が開催された。それ以降の日本は世界の中の日本であり、西暦をつうじて世界と同期する時代になったというのは、大枠では正しいと私も考えている。

ただし大澤の議論にはおおざっぱなところもあって、リアルタイムを生きていた人びとのディケイド認識と、後の時代の人が振り返るときのディケイド認識の違いがあまり考慮されていない。私は、昭和五十年代や六十年代という言い方をしなくなったのは後から振り返る人びとであり、当時を生きていた人びとは元号的な時代感覚を失っていなかったと考えている。

しかしこれをデータで示すのは難しい。リアルタイムでディケイドを使うことがそもそも少ないからだ。NDL-ONLINEで見るかぎり、そのディケイドが始まる年（たとえば昭和五十年代の場合は昭和五十年、一九七〇年代の場合は一九七〇年）にディケイドの使用が集中していて、きたるべき十年間の展望を論じたりするのだが、それ以外の年は書籍や雑誌記事のタイトルにリアルタイムのディケイドがほとんど使われなくて、どの時代も大差ないというのが実感である。ディケイドは基本、振り返るときに使うものだ。

一方、ディケイドではなく単年については、昭和五十年代はきわめて元号が強かった事実がある。一九七六（昭和五十一）年に内閣総理大臣官房がおこなった「元号に関する世論調査」によると、「あなたは、ふだん、手

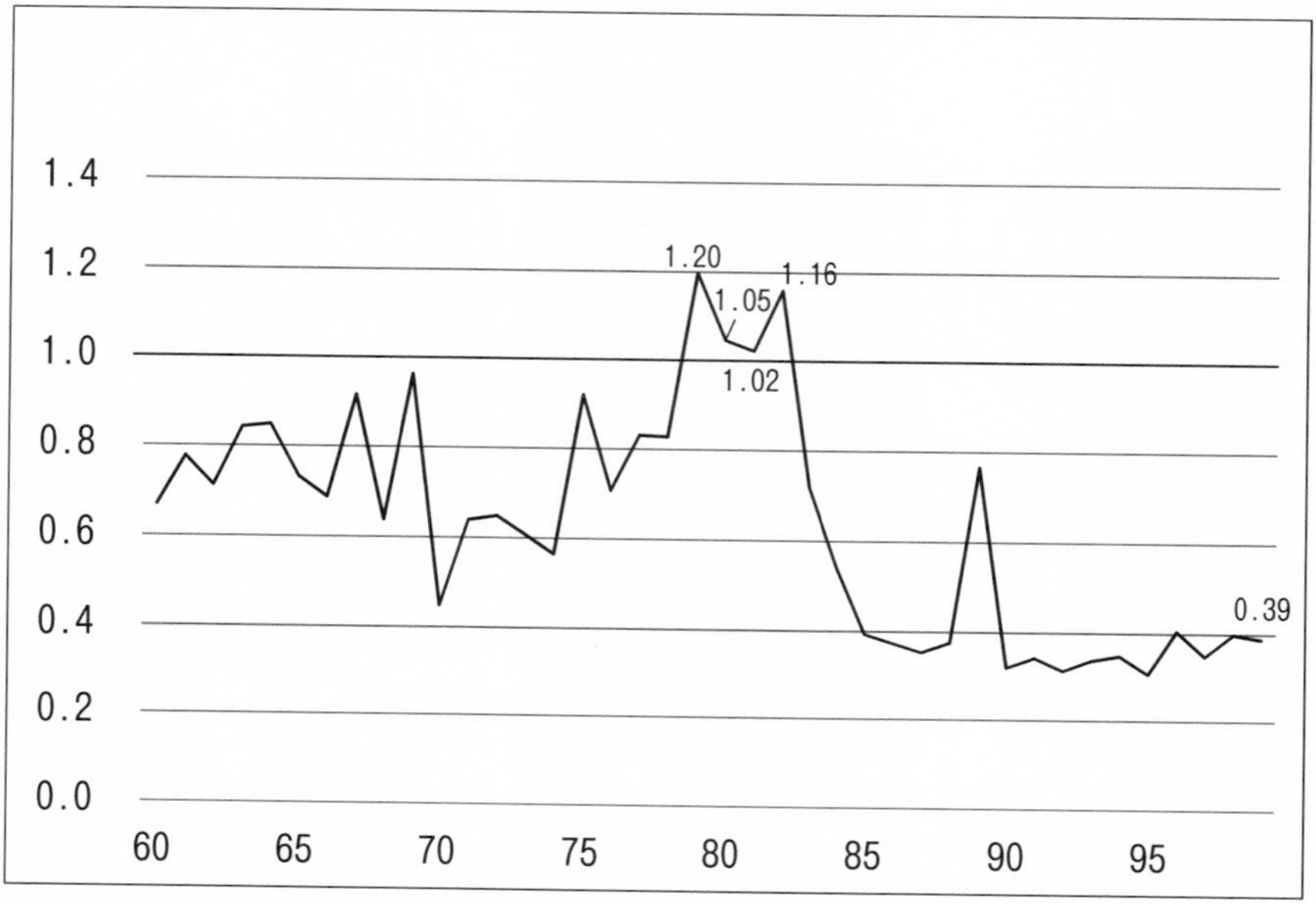

図１　雑誌記事タイトルにおける西暦使用に対する元号使用の割合

※西暦は４ケタ（19○○年）または２ケタ（○○年）をいずれもカウント。「年」や「年度」がついているもののみ。

※1989年は「(昭和) 64年」と「平成元年」の合算

紙を書いたり、人と話をしたりする時、主に、昭和とか大正というような年号を使っていますか、それとも西暦を使っていますか」という質問に対して、じつに八十七・五％が「主に年号」と回答している（内閣府政府広報室 2003）。たしかに当時の雑誌記事や記録映画などを見てもほとんどが元号、しかも昭和をつけずに「四十八年」とか「五十二年度」のように言っている。令和の人が見ると西暦と区別がつかず、一瞬混乱する記述だ。

このことに関連して、図1はNDL－ONLINEに登録された雑誌記事のタイトルを調査したものである。一九六〇（昭和三十五）年から一九九九（平成十一）年までの四十年間について、当年を西暦で表記しているか元号で表記しているかを数え、西暦数を一としたときの元号数の割合を示している。たとえば一九九九年は、「一九九九年」または「九九年」が使われた雑誌記事タイトルが四三三五件、「平成十一年」が使われた雑誌記事タイトルが一六八三件なので、後者を前者で割り算して〇・三九としている。

このグラフを見ると、昭和五十年代（一九七五〜八四年）がいちばん元号の使用率が高いことが分かる。一九七九（昭和五十四）年から一九八二（昭和五十七）年にかけて一・二〇、一・〇五、一・〇二、一・一六で、四十年間の中で唯一、元号のほうが多かった四年間だ。これには一九七九年六月の元号法制定が関わっていると思われる。それまで慣習として使われてきた元号に法的根拠を与えたもので、施行されてからしばらく元号を積極的に使用する傾向が生まれた。

しかしグラフを見て分かるように、それ以降は一気に元号の使用が減少し、一九八九（平成元）年が一時的に跳ね上がった以外は〇・五を下回っている。単年の使用状況を見るかぎり、本格的な元号離れが始まったのは一九八五年頃から、つまり昭和六十年代ではないかと考えられる。

このタイミングで、昭和五十年代はもちろん、昭和三十年代、四十年代も同時に使用例が減少している。一九八五年から九九年までの十五年間に昭和三十年代が書籍タイトルに使われたのは二十三件で、二〇〇〇〜〇九年の七十四件を大きく下回っている。昭和四十年代をタイトルに含む本も同期間に八件しかない。元号ディケイドは全体的に低調になったのだ。

このまま元号ディケイドは消えていく可能性もあったはずだが、ゼロ年代に入って昭和三十年代はブームになって再浮上、使用例を増やしていく。一方で昭和四十年代はそうしたきっかけが弱く、ブームにつられて少しは増えたがそれほどでもなかった。そして昭和五十年代は、最初のうちは近すぎて回想の機会自体がなく、ようやく本格的に回想されるようになってきた二〇一〇年代には、昭和を「〇〇年代」と細かく区切る習慣がなくなっていた。

こうして昭和五十年代の社会や文化は、たくさん回想されたり再評価されたりしているけれども、それは「昭和」というおおざっぱなくくりにおいてであり、ディケイドとしては完全に埋もれてしまった。表1での使用例はわずか十八件である。内訳を見ると、鉄道・バスなどの乗り物に関する書籍が半分の九件で、あとはポルノと世代論が各二件、地域史、音楽（大正琴）、史料目録、研究書（医療政策史）、自費出版の個人史が各一件である。著名な書き手は管見のかぎり爆笑問題・田中裕二による世代論『爆笑問題田中のオトナスコラ――昭和五十年代の中高生たちに贈る』だけだった。

昭和五十年代は不運のディケイドである。せっかく西暦と五年ずれていて、独自の十年史を表現できるはずなのに、くくりとしての魅力やポテンシャルをほとんど検証されないまま忘れ去られようとしている。私はこれをふたつの理由でもったいないと感じてきた。ひとつは、私にとって昭和五十年代は三歳から十二歳までの原点ともいうべき十年で、とても大切だからだ。私の子ども時代とは何だったのかを考えるとき、参照できる資料や文献はつねに一九七〇年代と八〇年代に分かれていて、どうしてもしっくりこない。これを何とかしたいという思いをずっと抱いている。

もうひとつは、一九七〇年代と八〇年代に分断されてきたこの十年をつなげることで、戦後史の新たな風景が浮かび上がってくるのではないかという期待があるからだ。昭和五十年代は高度成長の終わりとバブルの始まりにちょうどはさまれていて、非常にスッキリと、意味のある始点と終点を定められる十年である。ここに光を当てるのはたんなる思いつきではなく、実質的な何かを浮かび上がらせる行為ではないか。また、先ほど述べたように当時の日本人は元号的な時間意識を持っていたのだから、昭和でとらえるほうが当時の感覚に近いと考えることもでき、その点でも実質的だ。

そういうわけで私は、自分なりの昭和五十年代史を書いてみようと決めた。本稿はさきほどからその準備作業を実況しているものである。

3　戦後史はどのように書かれているか

ここからは、戦後昭和史の先行文献がどのように書かれてきたかを整理していきたい。戦後昭和を扱った書籍は山ほどあるが、たいていはテーマか時期のどちらかを絞っている。テーマを絞った『○○の戦後史』のような本はプロの歴史家や研究者、あるいは著名な好事家によって書かれ、どちらかというと専門性が高い。一方で時期を絞ったものは一般向けのエッセイや事典、図録として書かれることが多い。

時期の絞り方にはふたつあって、ひとつはこれまで論じてきたようなディケイドによるもの、もうひとつはある特定の一年に注目したものである。私は前者を「十年本」、後者を「一年本」と呼んでいる。十年本はたとえば、鴨下信一『誰も「戦後」を覚えていない［昭和三十年代篇］』、奥成達・ながたはるみ『なつかしの昭和三十年代図鑑』、泉麻人『昭和四十年代ファン手帳』、カルト探偵団編『キーワードで読む七〇年代グラフィティ』、村田晃嗣『プレイバック一九八〇年代』など。一年本はたとえば、坪内祐三『一九七二』、中川右介『一九六八年』、布施克彦『昭和三十三年』、スージー鈴木『一九七九年の歌謡曲』、南信長『一九七九年の奇跡』など。

十年本も一年本も、中身は政治・経済・社会・文化という基本要素の客観的記述をベースに、個人的な思い出や体験談、すなわち主観を混ぜた構成である。客観と主観の量的な配分は本によって濃淡がある。また、政治・経済・社会の話を最小限にして文化を中心にまとめた本の割合が高い。ここでいう文化とは、①テレビ、②映画、③マンガ、④アニメ、⑤ゲーム、⑥音楽、⑦雑誌、⑧アイドル・芸能、⑨ヒット商品、⑩流行、⑪スポーツ・プロレス、⑫街並み、⑬子ども・学校、⑭おもちゃ・キャラクター、⑮ファッション、⑯家庭・くらし、以上十六項目のどれかを組み合わせて構成されている。

こうして作られる昭和本の多くは過去を懐かしむためのもので、「まえがき」にはたいていい次のようなことが書いてある。「なんて熱い時代だったんだろう。本書で、ぜひそんな六〇年代を楽しくふり返っていただきたい」（カルト探偵団編 1992: 2）、「歴史の箱をひもといて、懐かしの旅に出かけてみませんか？」（話題の達人倶楽部編 2004: 3）。

しかし中には懐かしさとは違った動機を持つ本もある。過去と現在を比較して、現在を見つめ直そうとする態度などはそのひとつだ。

昭和三十三年という短い一時期に焦点を合わせることで、今日の日本の姿が浮かび上がり、これから先の日本も見えてくる。（布施 2006: 9）

一九八〇年代には現在と類似した現象が相次いで起こっている。この時代は、われわれが現在直面している政治的・社会的現象の原風景をなしているのではなかろうか。（村田 2006: 9）

また、過去の時代をより広い文脈の中に位置づけたり、新たな枠組みで整理したりして、過去を再評価・再定義する試みもしばしば見られる。たとえば評論家の坪内祐三は著書『一九七二』の中で、「高度成長期の大きな文化変動は一九六四年に始まり、一九六八年をピークに、一九七二年に完了する」（坪内 2020: 14）と述べ、一九七二年という一年を、戦後生まれの若者を中心とした新しい文化の「はじまりのおわり」と、その「おわりのはじまり」を同時に観察できる地点であると定義した。

この本の中で坪内が強調しているのは「重層」というキーワードである。

週刊誌のバックナンバーをめくって行くと、その当時の社会や世相が重層的に見えてくるので興味深い。つまり、一つ一つの事件やテーマを掘り下げていっただけでは知ることの出来ない重層性が見えてきて。関係ないように思えて、実は微妙な縁つながりとなる出来事群が、週刊誌のバックナンバーを開くと浮上して来る。（坪内 2020: 67）

坪内は、一覧性の高いマスメディアコンテンツ（とくに雑誌）を横断的に見ていくと、一見関連のないように思える複数のできごとが実はほぼ同時に起こっていたことが分かり、その重層性から当時の社会の雰囲気、空気感、あるいは社会意識のようなものが浮かび上がると考えた。彼が同書で例示しているのはたとえば次のような重層性である。

グアム島で横井庄一が発見された一九七二年一月二十四日、連合赤軍の榛名ベースですでに八人が総括死していた。その榛名ベースの解体が本格化する二月六日に札幌オリンピックが開幕した。一九七一年七月十七日、人気ロックバンドのグランド・ファンク・レイルロードが豪雨の後楽園球場で熱狂的なライブをおこなった同日に、西宮球場でおこなわれたプロ野球オールスター戦で阪神タイガースの江夏豊が九者連続三振を達成した。その三日後に東京・銀座にマクドナルド一号店がオープンした。

こうした重層性をことさらに記述していくのは、当時を生きていた人びとの視点からその時代をとらえたいという思いがあるからだ。坪内は中学生として一九七二年を生きているが、自分自身の感覚をベースにしながらもそれに頼りすぎず、客観的な事実の組み合わせで当時の空気を有機的・立体的に復元している。

一方で、自らの主観を前面に出して書かれる戦後史もある。TBSのテレビ演出家・鴨下信一は著書『誰も「戦後」を覚えていない』シリーズの中で、「実感」という言葉を繰り返し使っている。たとえば公団住宅の普及で日本人が玄関に鍵をかけるようになったというくだりで、彼は次のように述べる。

この時代を実際に生きたことのない人が書く生活史では、このへんで〈隣り近所の連帯感が無くなってきた社会環境で、鍵が必要となってきた〉と書きたがる。実感ではそうではない。鍵が先だった。団地に移って当分の間、相変らず、家に誰か居れば玄関の鍵は施錠しなかった記憶がある。（鴨下 2008：118）

鴨下はこのように、歴史的事実として流通している考え方に対して、自らの実感を頼りに微修正をほどこすことを執筆の動機にしていた。彼は次のように書いている。

立派な本がいろいろ出ている。ただぼくはあの当時の〈実感〉を書いておきたかった。（鴨下 2008：218）

使用した年表・年鑑等の基礎資料を作成した先達にはどう感謝してもし足りない。ぼくの仕事は〈年表を実感をもって解説する〉ことだけだった。（鴨下 2008：240）

客観的であろうとした坪内と、あえて主観的であろうとした鴨下は一見対照的だが、たんなるできごとの羅列では見えてこない、その奥にある社会の肌触りに迫ろうとする意思は共通していた。一般的なレトロ本やノスタルジー本では、過去のできごとを今どう感じるか（懐かしい、面白いなど）に重点が置かれているが、彼らの著作では過去のできごとを当時の人がどう感じたかに重点が置かれている。もちろんこれは出版目的の違いであって、どちらが良い、悪いという話ではない。書き手の動機の問題である。私が昭和五十年代史を書きたいと考えるときも同様に、それは私自身の主体的な選択になる。

4　昭和五十年代史をどう書くか

ただ、もし坪内や鴨下のように昭和五十年代史を書きたいと考えたとしても、そこには難しい問題がひとつある。坪内が扱った一九七二年や、鴨下が扱った昭和三十年代にはすでに書かれている歴史があるので、それを批判的に再検討したり、違った角度でとらえ直したりできた。ターゲットがあったのだ。しかし昭和五十年代にはすでに書かれている歴史がない。であれば昭和五十年代史は、書かれていない歴史を書き下ろし、新しい歴史のイメージを構築していく作業になるのだろうか。

書かれていない歴史を書き下ろすというのは、直近の時代を歴史として記述するときにかならず生起する状況である。最近ではたとえば「平成史」「一九九〇年代史」「ゼロ年代史」などがそれにあたる。『平成史講義』の編者である吉見俊哉は、昭和史や明治史などは「すでに多くの語りがなされるなかで語りの布置、たとえば支配的な語りと対抗的な語りの関係が安定してきている」とし、それに対して「「平成」を「史」として語ることは、何らかのそうした語りの厚みの形成に向けた未来投射的な行為とならざるを得ない」と述べ、歴史を語り始めることの難しさを表明している（吉見 2019: 7）。

一方で吉見は同書の中で、平成史の語りにはすでに、バブル崩壊後の経済停滞とふたつの大震災という定番の枠組みが存在することも指摘している。吉見はこうした固定化した語りを相対化しつつ、複数の対抗的な語りが並立する言説の場として平成を描き続けていくことが重要であるとした。

『平成史 増補新版』の編者・小熊英二は、「冷戦期に栄えた日本の体制の終わりの過程」を描き出すのが平成史であるとし、記述の枠組みを明確に示している（小熊 2014: 3-7）。この点は吉見と異なるところだ。しかし、その枠組みの中で具体的に何を語るのかについては、やはり吉見と同様に多様な視点に基づく複数の語りを提案している。いずれの本も、社会科学が現代史と向き合うときの基本的な作法が、視点の複数化とステレオタイプの相対化にあることをうかがわせる。

どんなに近い歴史であってもステレオタイプな語りは先回りして存在しているものだ。昭和五十年代史についても、先ほどは語りがないと決めつけたが、実はあるのではないか。そう思ってよく考え直してみると、昭和五十年代を一九七〇年代と八〇年代に分けてきた従来の歴史の書き方それ自体が、ステレオタイプな支配的言説に他ならないことに私は気づいた。つまり昭和五十年代史という枠組みは、従来とは異なるスケールで歴史をとらえ直している時点で、すでに対抗的言説になっているのである。

であれば記述の中身はなんでもよい。何らかの記述を積み重ねていけば、やがてディケイドの意味が帰納的に浮かび上がり、昭和五十年代という枠組みがアクティベートされるだろう。私はメディア史や戦後日本文化史を専門にしているので、その方面でとにかく何かを書くこと。それが重要だ。もちろん、従来の七〇年代描写と八〇年代描写をたんにくっつけただけの、何の新味もない記述に終始してしまっては意味が薄い。両者をつなぐことで何が新しく見えてくるのかを、あるていど積極的に追究してこそ書く価値がある。

音楽であれば、七〇年代後半のキャンディーズ、ピンク・レディー、山口百恵と、八〇年代前半の松田聖子、中森明菜、小泉今日子などを切り離さずに一連のものとして描く。マンガであれば、『がきデカ』『ブラック・ジャック』『ドカベン』などの少年チャンピオン全盛期（七〇年代後半）と、『キャプテン翼』『キン肉マン』『Dr.スランプ』などの少年ジャンプ発展期（八〇年代前半）を同じ枠組みでとらえる。野球ならば、長嶋茂雄の引退から西武ライオンズ黄金時代の幕開けまでを一望できるし、ゲームならインベーダーブームからファミコン発売までが切れ目なく追える。不良文化史は暴走族の全盛期から『積木くずし』までをひとつの流れで考えられる。そうやって、西暦ディケイドでは分かりにくかった持続的な時代の空気を浮かび上がらせていくのである。

もちろん、昭和五十年代でくくることで逆に見えなくなるものもあるし、どちらでくくっても見え方が変わらないものもたくさんある。しかしそれを気にするよりも、新しく見えてくるものをいったん重視しなければこの時代の語りに厚みをもたらすことはできない。とにかく昭和五十年代でくくってみて、記述と考察を実験的に繰り返していくことが大切だ。

何を書くかが見えてくれば、次はどうやって書くかが問題になる。私は、坪内のようにできごとの重層性をあぶり出したり、鴨下のように実感を呼び出したりできるだろうか。鴨下は昭和三十年代を二十代〜三十代として過ごしているが、昭和五十年代の私は三歳から十二歳の子どもだった。その時代を生きてはいたが、時代を経験したという確かな感触はあまりない。とはいえ子どもながらにテレビも新聞も見ていたし、池袋や新宿の街も歩いていたので、うっすらとその時代の空気感を覚えてはいる。そんな幼少期のあいまいな「実感」はどう役に立つのだろうか。

幼少期の実感は、歴史を記述するときの手段になるものではなく、むしろ目的になるものだ。鴨下のように実感に基づいて歴史を書くというよりは、あの実感はなんだったのかを探すために歴史を書くのである。幼児は自分の感覚を言語化・対象化する能力に乏しいので、当時の実感なんて漠然としたものにすぎない。しかし当時の思い出になんとなく通底し、まとわりついているトーンのようなものは確かにある。それはリアルタイムで経験されたものかもしれないし、大人になって振り返るときに新たに生み出されたものかもしれない。

そんなよく分からない感覚を言語化し、明晰に理解すること。それは坪内が中学生時代の肌感覚を雑誌記事の渉猟によって理解していったように、当時の記録と向き合って可能になるはずだ。記録による記憶の相対化である。これは坪内だけでなく、泉麻人や串間努など、戦後昭和文化を得意テーマとするエッセイストの多くが実践していることでもある。私も、当時のメディアコンテンツを横断的に見ることを基本にしていきたい。

これまでの書き手が雑誌などの文献資料にこだわってきたのに対して、映像アーカイブスを研究してきた身としては、テレビ、映画、ＣＭなどの映像資料も重視したい。しかしそれ以外は先人たちと同じアプローチである。当時の資料と向き合いながら、平成以降のレトロブームで後づけされた色をていねいに取り除きつつ、昭和五十年代にまとわりつく独特のトーンを抽出する作業に取り組んでいく。

今あえて言語化するなら、昭和五十年代とは、高度成長の終わりとバブルの始まりにはさまれた、生き方や価値をめぐる葛藤と模索の十年間であり、新しいものと古いものがなじまないままに絡み合っていた季節である。景気の谷間で時代の流れが止まっていたからか、両者が混ざりきらずに、新しいものは違和感をたたえ、古いものは色あせていた。私は幼いながらにそのことを察していたように思う。それをどうしても確かめたい。

5　おわりに

書かれた歴史を分析することと、自ら歴史を書くこと。このふたつは私の中で相互的な関係にある。大学院時代、日本のテレビＣＭの歴史を研究していた私は「テレビＣＭのメディア史／文化資源学」というタイトルの博士論文を提出した。広告業界によって書かれてきた従来のＣＭ史を批判的に検討し（メディア史）、新しいＣＭ史のために従来の枠組みを超えたアーカイブを構築した（文化資源学）。十年後、私は実際にそのアーカイブに基づいて『発掘！歴史に埋もれたテレビＣＭ』という新しいＣＭ史を書いた。

同じように、私は二〇一八年に従来の昭和レトロ・昭和ノスタルジーを批判的に検討した『昭和ノスタルジー解体』という本を出した。だから次は、自ら新しい昭和本を書く順番なのである。それが昭和五十年代史であることはこれまで説明してきたとおりだ。

昭和五十年代史はまったく書かれてこなかったわけではない。たとえば宝島特別編集『一九八〇年大百科』（一九九〇年）は昭和五十年代のポピュラー文化をまとめた本である（タイトルにディケイドが入っていないのでＮＤＬの検索では出てこなかった）。しかしそれから三十年以上なにも出ていない。不運のディケイドを久しぶりに救い出した先に、どんな風景が広がっているのだろうか。

（註）　ＮＤＬ－ＯＮＬＩＮＥの調査はすべて二〇二一年一月に実施した。

【文献】


布施克彦、二〇〇六、『昭和三十三年』筑摩書房。

鴨下信一、二〇〇八、『誰も「戦後」を覚えていない［昭和三十年代篇］』文藝春秋。

カルト探偵団編、一九九二、『六〇年代キーワード百科――〝懐しい〟が新しい！』ベストセラーズ。

高野光平、二〇一八、『昭和ノスタルジー解体――「懐かしさ」はどう作られたのか』晶文社。

村田晃嗣、二〇〇六、『プレイバック一九八〇年代』文藝春秋。

内閣府政府広報室、二〇〇三、「元号に関する世論調査」内閣府世論調査（二〇二一年四月二十二日最終アクセス、https://survey.gov-online.go.jp/s51/S51-08-51-10.html）。

小熊英二、二〇一四、「序文」小熊英二編『平成史　増補新版』河出書房新社、三―八頁。

大澤真幸、一九九八、『戦後の思想空間』筑摩書房。

鈴木洋仁、二〇一七、『「元号」と戦後日本』青土社。

坪内祐三、二〇二〇、『一九七二――「はじまりのおわり」と「おわりのはじまり」』文藝春秋。

話題の達人倶楽部編、二〇〇四、『懐かしの八〇年代にどっぷりつかる本』青春出版社。

吉見俊哉、二〇一九、「まえがき」吉見俊哉編『平成史講義』筑摩書房、七―一四頁。

第8章

戦前日本における家族社会学前史
——『社会学研究室の一〇〇年』を手がかりとして

米村千代

1　はじめに

本章では、戦前日本における家族社会学を、制度論と集団論の関連に着目し、戸田貞三をとりまく当時の研究環境および戦後家族社会学からの回顧という二点を軸として振り返ることを目的とする。戸田は、日本における家族社会学の創始者として位置づけられている社会学者であり、一九一二年に当時の東京帝国大学文科大学哲学科を卒業し、一九二〇年より同大学文学部にて教鞭をとっていた。戸田は『家族の研究』の緒言において、家族研究は、「制度としての研究」と「団体としての研究」が試みられねばならず、「家族を制度として観る方面と、之を団体として観る方面と、此二つの方面からの研究を重ねる事に於てのみ家族の性質を明らかにし得るのである」（戸田［1926］1993: 13-4）と謳っている。(1) 戸田の家族社会学の特徴を、その後の家族社会学への影響の大きさという点でまとめるとするならば、小家族論と集団論的研究と言うことができるだろう。では、戸田は、いかにして小家族論、集団論を自らの家族研究の中心におくことになったのだろうか。そして戸田の家族研究が、どのように戦後の家族社会学に継承されていったのだろうか。戸田の緒言の強調点は、家族の集団論的研究を行うことにあるが、実は、この文章では、制度論と集団論の二つの方向がともに重視されている。集団論的研究が積極的に展開されていくなかで、制度論的研究はどのようにその後の家族研究に引き継がれていったのだろうか。

これらの問題を明らかにするべく、本稿は、まず佐藤健二が編集した『社会学研究室の一〇〇年——東京大学文学部社会学科／大学院人文社会系研究科』(2)（以下、『社会学研究室の一〇〇年』と記す）に収められている文章から、当時の戸田をとりまいていた人間関係や社会学研究室の研究環境を手繰り寄せ、戸田以前の家族研究にも着目し、戸田が家族研究に向かっていく道程を探りたい。あわせて、戸田がいかにして自身の集団論と小家族論を展開するにいたったかを、当時の家族研究の状況から探る。家族研究への焦点化と集団論に向かっていく過程、その両者を重ね合わせることから、戦前の家族社会学研究史の一端を振り返ることを本稿の目的とする(3)。

2　戸田貞三と東京大学社会学研究室

戸田と建部遯吾・外山正一

冒頭で紹介した戸田の緒言には、「制度としての研究」と同時に「団体としての研究が試みられねばならない」とある。戸田がこのように述べる背景を、まずは、当時の戸田をとりまく研究環境から探ってみたい。当時の研究環境や家族というテーマの決定に関して記された戸田の文章に登場するのは建部遯吾、外山正一である。建部は、一八九七年に東京帝国大学社会学講座に講師として赴任し、戸田の指導教授であった。一九二二年に退官している(4)。外山は、一八七七年官立東京開成高校で社会学を教えていたが、東京大学への改編により、同校において社会学を教える日本人初の教授となり、後に総長となる。

『社会学研究室の一〇〇年』に再録されている戸田の「学究生活の思い出」には、卒業論文について次のような記述がある。

そうこうしているうちに三年になり、何か卒業論文を書かなければいけなくなりましたが、結局「日本における家の制度の研究」というテーマをえらんで書き上げました。私は建部先生からももちろん或る程度の影響を受けていましたが、それよりも、前に述べた外山先生から、もっと強く影響をうけていると思っています。外山先生は私の大学入学前にすでに亡くなっておられ、生前一度もおめにかかってはいないのですが、例の「神代の女性」(5)のほか、先生のいろいろな著述を読み、そこからスペンサーの『プリンシプルズ・オブ・ソシオロジー』を読むきっかけを与えられて、なるほどこういうことをやるのなら面白いなと感じ、自分も及ばずながら一つやってみようという気になって、それがあの卒論を書く動機になったのです。〔……〕卒論で家族を扱ったのは以上のような理由があってのことですが、もう一つには、私自身、社会学で一番大きな対象として扱わねばならぬものに、国家とか民族とかがあると考えてはいても、その時の自分の力からいって、家族の問題から入ってゆくのが最もやりやすいということが手伝っていたのです。これが学問上、価値があるとか無いとかいうところまでつきつめて考えていたわけではありません。

(戸田［1953］2004：300、下線は引用者。以下同様である。)

第一に注目したいのは、戸田が今、「社会学で一番大きな対象として扱わねばならぬものに、国家とか民族とかがあると考えていても、その時の自分の力からいって、家族の問題から入ってゆくのが最もやりやすい」と述べているくだりである。これは、今日から振り返ると興味深い論点である。なぜなら今日の家族研究において、家族と国家は公私の二分法的枠組みのもとで、対照的な関係に位置づけられているからである。戸田がなぜ家族研究に向かっていたのかということでの問いは、現代的な枠組みの地点から発したが、当時の文脈に即して考えれば、あくまで家族も社会制度の一つであり、家族を研究することに特別な意味合いは必要なかったのかもしれない。建部の普通社会学における家族の取り上げ方からも同様の解釈が可能であろう[6]。おそらく今日の家族研究の発想とは順番が逆で、制度のなかに埋め込まれた部分として家族の研究は存在したといえるだろう。

戸田は続けて、「団体」としての家族の性質を見極めることに関心が向いていったことを次のように回想している。

> 私はその後、大学で、日本の家族制度の研究をすすめました。卒論を書いた時以来、考えていたことを、おしすめるつもりで、最初、婚姻制度の講義を準備してやってみましたが、どうもポイントがはっきり摑めずうまくゆかない。それで、最初に出発した点に戻って、いろいろ勉強しているうちに、ファミリーという言葉と、日本でいう家という言葉がどうもぴったり一致しないのではないかということに気がつき、この家、家族と日本でいわれているものの概念内容を歴史的にみてみようと思うに至りました。
>
> 家族制度の研究は、ヨーロッパでも一八六〇年代のころから著名な研究が、幾つかでていましたが、いわゆる団体としての家族の性質を見極めようとしたものは極めて少く、これの研究は非常に大事なことだと痛感しました。（戸田［1953］2004：304）

この文章からは、欧米のファミリーと日本の家の不一致から、日本における（家ではなく）家族の集団的研究へと向かっていく戸田の家族研究の方向性が端的に表現されている。

第二に、戸田が建部より外山から影響を受けたと明言している点も注目に値する。戸田が建部ではなく外山の研究に触発されて実証研究に向かっていく様子は以下のように記されている。

［建部］先生の社会学説の中心は社会を以てそれ自身の意識をもつ人格有機体であるとする社会有機体説であった。

この点に於いて先生の学説はコントの社会学に似ている。而して又先生はコントの主張である「予見せんが為に知る」といふ実証精神を重んぜられ、これと陽明学派の知行合一論とを結びつけて社会学の研究態度とせられた。従つて先生の社会学は実証的研究に重点を置くものであつた。

然し先生は個々の社会学の問題をとらへてこれを実証的に研究し、その成果を積み上げて行くといふよりも、社会学論の体系の樹立に急がれた。それ故に先生の社会学研究には学論と観られるもの、学論を根拠とした政策論と観られるものは多いが、実証的研究と観られるものは少い。この点に於ては外山先生の行き方とは可なり異なつている。外山先生は体系的著述と観られるものは公にしておられないが、スペンサーの社会学の方法に従つて種々実証的研究を試みられた。「神代の女性」や「神代の婚姻及び家族制度」などは先生の実証的研究の一端である。(戸田［1948］2004: 236)

さらに外山の社会学については、「実証的研究の精神を築城した学者」とし、次のように書いている。

外山教授の学風なり或は態度は経験的・実証的であつた。社会学の講義に於てはスペンサーの社会学著作から原始社会の諸資料を抜粋して之を単に講術するに止まつたといはれてゐるが、教授にとつては此処に深い確信があつた。即ち社会学は実証的基礎の上に立つて研究すべきであるとの立場において学生を指導したのであつた。当時、政治・社会に関する思想は学壇の内外を問はずスペンサー全盛時代であつた。それはスペンサーの社会哲学思想に於ける個人主義・自由主義が当時の我が国の革新的政治思想の渇望に応じてゐたからである。然るに外山教授がスペンサーに忠実に依頼するところがあつたのは彼の社会哲学の思想よりも寧ろ彼の社会生活の研究に関する実証的方法にあつたのである。この点は教授が当時のスペンサー追随者と全く異る重点であつた。社会学が科学として我が国に発達し而して我が国民生活に対して真に寄与するところの学問となるためには、社会学は実証的方針の下に育成さるべきであるとの確信があつた。社会学は社会哲学に堕してはならないとの信念が厚かつた。教授の前記の社会学的諸研究を検討してみると右の点をよく察することが出来る。教授の主要な社会学的論作が総て日本に関する研究であつたこと、而して之等が総て実証的方法に基づいてゐたこと、この二点こそは外山教授の学風を窺ふ際に見逃すことの出来ない事実であるとともに、右の二点こそは惹いては本学の社会学講座が本邦において大きい特色をもつ学風を伝承してゐる所の源泉でもある。まことに外山教授は本学の社会学に実証的研究の精神を築城した学者として忘れることの出来ない恩人である。（戸田［1942］2004：186–7）

戸田は、このように直接の指導を受けた建部よりも外山からの影響を強く受けたと記している。その理由は、外山の実証的研究にあった。この点については、森岡清美の分析もあり後続の節で紹介する。

清水幾太郎と家族研究

やや脇道にそれるが、『社会学研究室の一〇〇年』には、清水幾太郎による戸田に関する記述も見られる。清水は、戸田に昭和六（一九三一）年に「是非、研究室に残って下さい」と言われて、副手となり、「戸田先生の弟子である以上、今まであまり関心を持たなかった家族というものを真剣に研究すべきではないかと考えるようになった」という。

よし、決まった、家族をやろう。早速家族に関する横文字の文献を読み始めた。自分でも判らないが、なぜか、ソッと読み始めた。〔……〕私の気が散っていたせいであろう。家族に関する文献は、何冊読んでも一向に面白くなかった。それに、戸田先生は、家族を科学的に研究される半面、「夫婦や親子の間の感情的融合及び全人格的信頼」という風に家族というものをお考えになっていた。この点に触れる時、教壇の先生は、必ず眼を半ば閉じて、恍惚《こうこつ》と呼びたいような表情になる。私たち学生は、「始まったぞ」と囁《ささや》き合った。家族がそんな甘いものでないことは、学生たちも知っていた。（清水［1985］2004：276-7）

清水はここから田山花袋の『生』を読み、そこに描かれる家族の世界に「吸い込まれて」行き、「家族研究の洋書を放り出した」（清水［1985］2004：277）。「田山花袋の『生』は、学問とジャーナリズムとの間をウロウロする私の人生の出発点を作った」という清水の、「百巻ノ研究文献、一篇ノ小説ニ如《シ》カズ」（清水［1985］2004：277）という言葉もまた、清水の家族「研究」への批判を端的に表している。清水の指摘にも見られる家族の科学的研究を論じる半面、家族の集団的特質を説くという戸田の小家族論は、後述する家族社会学者らによる座談会でも話題となっている。

3　家族社会学における戸田貞三

集団論、小家族論への焦点化

次に、戦前期の家族研究において戸田貞三前後の時代の家族論がどのように位置づけられているかを家族社会学者による整理から確認する。一九六八年に開始された第一回家族社会学セミナーの報告を基に一九七〇年に刊行された『現代家族の社会学』には、小山隆、牧野巽、岡田謙、喜多野清一による「家族研究の回顧と展望」と題された座談会が掲載されている（座談会は一九六八年実施。司会は那須宗一、喜多野は紙上参加、聞き手は山室周平と森岡清美である）。この座談会では、戸田貞三に関するエピソードが複数登場する。

小山は、この座談会に「日本家族社会学成立前期主要文献」という資料を用意しており、その資料も座談会の末尾に掲載されている。小山はここで、（Ⅰ）日本社会学会成立期以前の家族研究（一八八四〜一九二四）と（Ⅱ）終戦前の家族研究（一九二四〜一九四五）の二つの時期に分け、一九二一年から日本社会学会が発足した一九二四年の間の時期を転換期と位置づけ、「はっきりと社会学のふるい時代と新しい時代との境界をそこに画することができるように思う」としている（小山ほか 1970: 275-6）。家族研究分野についても同様に、前後の新旧アプローチの違いを対照的にあらわす研究として、穂積陳重「由井正雪事件と徳川幕府の養子法」（『日本社会学院年報』最終巻に掲載、一九二二年）と戸田による日本社会学会編『社会学雑誌』創刊号の巻頭論文「夫婦関係の強さ測定」（一九二四年）を取り上げ、「ふるい時代の家族論」の特徴として家族進化論と家族制度論を、「新しい時代」の家族研究の一つの特徴として実証的研究、家族社会学の抬頭を掲げている。後者の代表的な研究としては戸田の三部作『家族の研究』（[1926]1993）、『家族と婚姻』（[1934]1993）、『家族構成』（[1937]1993）を取り上げる。小山は、当時の社会学研究室を振り返り、戸田から次のように言われたと回想する。

「オピニオンはだめだ。具体的な事実をつかまなきゃ、だめだ」というんで、卒論でも単なるオピニオンを並べたものは容赦なくふるい落とされました。私は先生の毒舌に恐れをなして、その講義にはついに出なかったのですが、しかしそういう研究態度そのものについては非常に啓発されまして、卒業後にいろいろ先生と接触する機会をもつようになったわけです。（小山ほか 1970: 247）

戸田の実証研究の後継者とされている小山であるが、森岡は以下のエピソードを紹介している。

学部在学半ばで建部遯吾教授が辞任し、代わって主任教授に就任した戸田さんは同級生をどんどん落として留年させたので、反抗的な気持ちから近寄らず、非常勤講師の綿貫さんを指導教授として「与論の生成」に関する卒業論文を書いたと、小山さん自身からお聞きしたことがあります。しかし、高岡高等商業時代の大家族に関する研究発表に、もっとも興味を示したのは戸田さんだったようです。（森岡 2011: 14）

ちなみに、小山より数年後の一九二九年に卒業する岡田は、座談会のなかで、自身が卒業論文を執筆する頃の戸田について「別にむずかしいことはおっしゃらなかった」とし「実証的なことをやれとは言われないで、私がウェーバーをやるといっても、「そうか」と言うだけで別にそれをやめてほかのを、というほど厳格でもなかったようです」と記している。「戸田先生のこわいのはそれ〔戸田が当時二度目の結婚をし長女が生まれた時、と岡田は回想している〕からなくなったんですね」、「ですからわれわれは、そういう戸田先生にこわいっていう感じはもちませんでした」と回想している（小山ほか 1970: 263）。小山、岡田、先述した清水の回想と重ね合わせただけでも、戸田の人となりを描くには、もっと詳細な考察を必要とするようである。

小家族論をめぐって

座談会に出席している牧野と岡田、そして『社会学研究室の一〇〇年』に収録されている中野卓の文章から、実証的研究、そして小家族論を重視する戸田の姿勢と、そこに自身の問題関心との距離を感じ取っていく中野の様子を紹介したい。

牧野は、一九二五年に東大に入学し、卒業論文を書き始めた頃、戸田に相談にいったところ、「そんな道徳社会学なんて学説の研究などやるな」、「なんでもいいから事実を扱う方がいい」（小山ほか 1970: 257）といわれ、古代中国の喪に関する論文を執筆したという。牧野の「中国古代家族の構成について、流布されているような大家族ではなかったことを立証された研究は、戸田先生も激賞されておりました」（小山ほか 1970: 250）と小山も紹介している。

岡田は、大学卒業のときの口述試験で、戸田から「君は家族の形態のもっとも多い型、家族の本質的な形態についてはどう思うか」ときかれた際のことを以下のように回想している。

そのときは一九二九（昭和四）年ですが、どこからだったですか、「私はどうも今でいう「核家族」というようなものが、やはりひとつの根源的な型ではないかと思います」というと、先生は「うん、そうか」って、しかしなんかその、わが意を得たりというような顔をしておられたものです。戸田先生の小家族論を、台湾へ行ったらほんとうにあてはまるかどうかやってみようという決心をしたのは、じつはそのときなんです。（小山ほか 1970: 263-4）

その後、岡田は、台北大学に在籍中、台湾においても拡大家族のなかに核家族的結合を見出すという調査研究に取り組み、「これが戸田先生にご恩返しをしたことのひとつだと思う」（小山ほか 1970: 265）と語っている。

中野の回想は、前記の二人とは対照的である。戸田の講義「家族構成」について中野は次のように評している。

家の住込み奉公人を単なる同居人と一括して家父長的《パトリアーカル》家族の集団構成員からさえ排除して取り扱う戸田先生の統計的処理の仕方には不満を感じました。戸田先生は結局は都市のサラリーマン家族を標準にして考え、住込み奉公人のいる商家の場合の「家」の説明にはなりにくいのではないか、と感じました。（中野 [1992] 2004: 318-9）

さらに、一九四三（昭和十八）年、学徒出陣の直前の十月、商家同族団調査の報告をした際、「別家のことは君が一番よく調べた」とほめられたものの、「別家は準同族というのがよかろう」というコメントや「同族（戸田先生は本家と親族分家とだけの集団を同族と呼ばれた）との相違点を見付けて比較していけ」といわれたこと等について次のように回想する。

この戸田先生のお言葉のうち「準同族的」以下の先生の説には私は大変不満でした。私の資料にもとづく実証を聞いてなお、戸田先生が、通勤分家や店持ち分家は別家（奉公人分家）と共通の結合原理で、共通の本家に結びついて、商家同族組織全体を構成している点を認めなかったのは残念でしたが、戸田先生がそう言われることは予想通りでした。（中野［1992］2004：319–20）

復学後「商家同族団の研究を続けるために大学院にはいりたい」という中野の指導教員を戸田は引き受けている。師弟関係は継続しているものの、中野は、戸田の小家族論とは袂を分かっていく[7]。

4　制度論と集団論

戸主制度存廃論と小家族論

次に、森岡清美による戦前家族研究の整理を概観する。森岡は『現代家族変動論』（1993）の「一九一〇年代の家族変動論」と題した章で、戸田以前の家族研究を取り上げている。この論文と、「戸田先生著作集出版記念会」における追善講演に加筆・改題し、『発展する家族社会学』（2005）の第Ⅱ部一章に収められている「戸田貞三の『家族構成』研究以前」と題した論文において、戸田の小家族論が登場する前後の時期の家族研究の動向を追っている。そこで森岡は、戦前の家族社会学的研究というと、戸田の『家族の研究』以降を指すことが多いが、それより以前、明治末期から大正初期にかけて、家族の変動を取り扱った論文が少なからずあるとして、法学、経済学、倫理学の領域における家族変動を取り扱った論文に着目している。森岡はこれらの研究に対する戸田の見解を追うことを通して、『家族構成』に結実する戸田の実証的家族研究が誕生する背景を分析している。

森岡は、この時期の家族変動論を、本庄栄治郎の言葉を借りて「戸主制度存廃論」と要約し、戸主制度廃亡論と戸主制度存置論に分けて論を整理する。戸主制度廃亡論者として紹介されているのは河田嗣郎、藤井健治郎、岡村司、そして梅謙次郎らである。スペンサーの進化論をふまえた河田による大家族制から小家族制への変化も紹介されている。他方、戸主制度存置論では、穂積八束の祖先教、沢柳政太郎の孝道説、高楠順次郎の家族主義に関する言説、深作安文の国体主義のほか、三輪田元道、奥田義人らが取り上げられる。戸主制度存置論は、社会の個人主義化が、従来の「家」の基盤をゆるがすことを避けるべく道徳や教育の重要性を指摘する。

森岡は、当時の政府が、存置論者を評価し、戸主制の動揺を回復するためにイデオロギー的に強化をはかったこと、他方で廃亡論者が弾圧の対象となっていったことに触れる。この時代は、民法改正に向けて一九一九年に臨時法制審議会が設置され、公教育の政治利用によって国民道徳の教化がはかられた時代であった。こうした時代下で、戸田の実証的、集団論的家族論が生まれるのである。

> 従来団体としての家族の研究よりも社会の制度としての家族の研究に重きがおかれていたが、家族の研究は制度としての研究と同時に団体としての研究が試みられねばならぬと、その著『家族の研究』[1926]の緒言で戸田が言明したとき、わが国における家族社会学の誕生が告げられたことは、家族研究者の間では周知のことである。(森岡 1993: 76)。

この文章に続く、最後の二段落には、制度としての家族の研究から集団としての家族の研究へと力点を移したことについての家族社会学の限界が記されている。

この新しい研究態度は研究の科学性を確立することに寄与したが、他方、家族が政治権力の意図によっていかにつくられてきたか、支配の意図に適合的な家族は人々の福祉を達成するうえでも果たして適合的であるか、といった視点を欠落することになった。こうして、科学的であるけれども非政治的な家族研究の隆盛をもたらしたのである。

戸田の家族研究の背景に遡っていわばその前史を考察した私は、戸田の貢献に逆照明を投じて彼の特色を浮かび上がらせたのであるが、端なくもその限界にも触れた思いがするのである。戸田の限界は、集団としての家族の研究に従事する私たちの限界でもある。では、戸田の時代から今日まで、日本の家族研究を一貫する非政治性をいかに克服するか、その道は困難であるが、かつて一九一〇年代の法学者や経済学者の考察を反面教師として誕生した家族社会学は、現代の法学者や経済学者の分析を強力な手がかりとして、非政治性克服の歩みを進めることができるのではないか。（森岡 1993: 76–7）

家族研究における集団論と制度論との乖離は、家族研究と「家」研究の乖離とも並行していた。森岡がこれらの乖離をこえた家族研究を自身の課題としても引き受け続けてきたことは、森岡の家族研究の随所に見ることができる(8)。森岡による戸田の家族論の解釈も、したがって、制度論と集団論の乖離という問題関心に基づきながら読み解くことができる。

戸田貞三における制度論と集団論

一九一〇年代から二〇年代の戸田をとりまく研究環境や家族研究の動向を見てきたが、ここからは家族研究における制度論と集団論の関係を、二つの視点からさらに探ってみたい。一点目は、再び森岡の考察を手がかりとする。二点目は、喜多野が戸田の家族論と自らの同族研究をどのように接合しようとしたのかという点から考察する。

森岡は『発展する家族社会学』(2005)の「戸田貞三の『家族構成』以前」と題した章において、戸田の最初の論文である「日本に於ける家族制度の研究」([1913]1993)と後年の研究テーマとの断絶について論じている。さらに、この論文に見られる、戸田の「戸主制度存廃論」批判の内容を以下の文章を引用しながら具体的に検討している。

> 勢いの赴く処を知らんとせば必ずや従来変遷の由来を尋ぬるを要す若し従来の推動の形跡を顧みずして論断せんとせば仮令其の断定が適的中せりとするもそは一種の意見にして科学的立論にあらず科学的研究としては事実を基礎とせずんば何等の価値なし(戸田[1913: 5]1993: 5)

> 単に勢を以て直ちに将来を断定せんとせば是亦決して正鵠を得たるものならず自然界の現象は因果律のみに従って生々滅々するものなれど人事界の事象は単に因果律のみに支配するゝものならず人間活動は常に目的観念に支配され目的行動をなし其行為は理想によりて惹起さるゝものなればなり。(戸田[1913: 5–6]1993: 5–6)

制度的研究全般が事実の根拠を持たないというわけではない。実際、戸田が取り組んだ「日本に於ける家の制度発達の研究」について、森岡は、「日本史家(法制史家を含む)のそれと異ならず」、「古代史研究の根本史料を網羅し、当時として利用できるものはみな用いたといえるのである」と賞する。そしてここに外山の「神代の女性」の影響を見ている。前節で引いた「学究生活の思い出」に基づいていると思われるが、「逝去後十年余りを経たにもかかわらず、なお外山の遺風が残る社会学研究室のなかで、戸田は、社会学論の体系の樹立を急いでいた師建部よりは、多数の事実に基づいて結論を帰納する建部の師外山から強烈な影響を受けた」(森岡 2005: 47)と森岡は見ている。戸田は、一九一六年に大阪で開所された大原社会問題研究所に一九一九年に勤務し、そこからわずか半年で東大に戻り、その後ヨーロッパとアメリカに留学する。帰国後に家族制度の研究を進めるものの、欧米のファミリーと異なる日本の家の解明には団体としての家族の性質を見極める必要があるとの考えに至る点は、先述したとおりである。

戸田が家族制度への研究からスタートし集団論へと転換していったとする小山らの解釈にたいし、森岡は、初期の制度論的研究と中期以降の研究との間には研究態度としては一貫するものがあると見ている。「卒業論文に示された、事実を客観的に確定しようとする科学的態度」、そして事実を客観的に確定する背後にある論理的思考である。「これが先には家族制度史の研究を史家のそれと異ならしめ、後には家族の集団的性質の考察に至らしめた」（森岡 2005: 52）とする。森岡はさらに、古代の戸籍が、『家族の研究』や『家族構成』で言及され、現代の家族との比較資料とされていることに着目する。「古代家族の研究のうち家族構成に関する部分が、大正末期以降の研究のなかに取り込まれ、その意味で戸田のライフワークの一つの足場を形成したのである」（森岡 2005: 52）という解釈である。

森岡は、戸田の家族研究を制度から集団へという単線的な転換とは見ていない。当時の戸主制度存廃論への戸田の態度を思い起こしてみても、制度論それ自体に批判的だったのではなく、事実の根拠を欠いた意見や断定を批判していたとする。集団的研究へと焦点を移していくことで、制度的研究は後景化するが、戸田は家族制度への関心を持ち続けていたと、森岡が解釈していることがうかがえる。ただし、戸田の家族制度への関心を辿るには戦間期の著作をどう位置づけるかという困難もあり、先に紹介した座談会でもいくつかの推測や解釈がなされているものの、明確な道筋が描かれているわけではない。森岡が戸主制度存廃論として整理したように、戸田は制度的研究から距離をおくことで、自らの社会学的家族研究の立場を鮮明にしていった。「座談会」に紙上参加している喜多野は、聞き手の一人であった森岡の質問に応答するなかで、当時の戸田の家族研究への批判的視点についても言及している。それは家族の制度論と実証研究との間にある問題であり、これは戸田に限らず、鈴木栄太郎や、その後の家族社会学の実証的研究のなかでも引き続き根源的な論点であり続けた。喜多野は、大正から昭和初期の家族形態の発展段階的研究が盛行している研究状況のなかで、戸田の小家族論は「当時ではやはり一種の異質」であったとし、「戸田家族論には制度としての家の観点がないという批評は、当時すでに主として法律学者の間から出ていました」（小山ほか 1970: 251）と続ける。

村落研究から見る家と家族

家族研究における集団論と制度論の関係について、さらに喜多野の回顧に沿って論を進めることとする。喜多野の卒業論文は「日本古代の労働組織について」であり、自ら戸田の卒業論文「日本に於ける家の制度発達の研究」の影響を受けていると語っている。その後、農村研究に進み、「村に入ってみるとこの問題と家族（家）とのつながりにぶつかったわけで、やがてまた家族へ戻らざるをえなくなったのです」（小山ほか 1970: 251）と回想する。

農村研究は農民層分解を問題にして始めたのですが、村に入ってみるとこの問題と家族（家）とのつながりにぶつかったわけで、やがてまた家族へ戻らざるをえなくなったのです。〔……〕私が直接、問題としていた、日本農業における農業労働者の存在とその性格にしても、結局、日本の家の生活を解明しなければ、理解できぬことがわかってきたのです。それで一つは、柳田先生を指導者とする民俗学者のやっている、日本の「家」の研究、それからもう一つは、有賀さんの「家」の研究ですね。それから鈴木栄太郎さんの日本の家族の研究ですね。それらをたどってずっとのばしていった線の上で、また戸田貞三先生の家族論が問題として出てきたわけです。それはまた同族組織の研究との関連で行われてきました。こういう経過のなかへ欧米の人類学者やマックス・ウェーバーの見解が加わってくるということになります。（小山ほか 1970: 251-2）

さらに森岡から、自身の親族研究についてたずねられて次のように語る。

これは同族をやっているかぎりは、どうしても姻戚関係にまたがって構成される親類の問題を同時に解決できなければ、同族研究というものは、全きを得ないと思うからです。同族と親戚がどうして併存するのかという事実を解釈できなけりゃいけないというのが、ぼくのかなり早くからの考えなのです。併存して機能していますからね。ぼくは同族の場合は、「家」で結合しているんだと考えますから、同時に血縁と婚姻とで結ばれてゆく親類が併存して機能するのを、単に現象的に指摘、説明するのでなく、構造的に理解しなければならぬと思うので、戦後ようやく組織的にその問題に入ってきたわけです。ぼくのは「家」と「家族」との不可分的結合という考えと関連するわけです。「家」は日本の家族の歴史的形態であって、家族自体には本質的に小家族的な結合の核があって貫いているんだと、そういうふうに考えるわけですね。ですから『封建遺制』(9)のなかでも「家」と「家族」は不可分に結合しているというふうなことを書いたわけなんです。その場合に、戸田先生の小家族論が展開されている『家族構成』が再び回顧されるわけです。(小山ほか 1970: 252)

同族と親族の構造的解明において戸田の小家族論に立ち帰っていくという喜多野の説明は、現代家族の研究からは遠く離れた議論をしているようにも見える。しかし実は、この問題は血縁とは何かという家族研究の根本にあり続けている問題とも接合する。今日の社会学的家族研究において、血縁や婚姻を家族結合の本質として前提することはまずない。しかし現在の社会においても、家族の多様性のなかにあって、血縁が人々の関係性にどのような意味を持つのかということは、大きなテーマであり続けている。たとえば、「血がつながっている」とか「同じ先祖を持つ」ということの意味が、人々の関係性においてどのような了解をもたらしているのかということは、今日の家族的なる共同性を考える上でも一つの重要なモチーフである。戸田の家族論、とくに家族の集団的特質を説いた『家族構成』の一章をそのまま現代家族の分析に適用することは難しいし、適切ではないと思われるが、そこで戸田が迫ろうとした家族の本質について、その特徴を現代の文脈でとらえ直してみるという研究の意義は失われていない。

5 もう一つの研究史へ

集団論と小家族論を軸とする戸田の家族論は、戦後家族社会学の実証的研究へと継承されていく。都市化、産業化、核家族化と表現される社会の変動や、パーソンズに代表されるアメリカ社会学の影響もあいまって、集団論的実証研究は家族社会学の主流となっていく。制度論と集団論が両方重要であるという戸田の初発の問題関心は、喜多野や森岡らによって引き継がれていくものの、戦後の家族社会学に太い線で繋がっていったわけではなかった（牟田 1998）。喜多野が回想するように「封建遺制」批判ブームのなかで、「家」研究には沈黙を余儀なくされる時期があり、戦後、連字符社会学の一領域として専門化していく家族社会学は、集団論的実証研究へと大きく舵を切り、その方向性は国際比較研究や大規模な共同研究として花開いていく。その一方で、核家族論の枠組みではとらえにくい家族の多様性への関心から、戦後の家族社会学がある時点から不問に付してきた課題についてとらえ直そうという機運も高まっている。(10)

しかしながら、戦後の家族社会学の展開のなかでは傍流とされたものの、戦前家族研究史という観点では、柳田國男や有賀喜左衛門、鈴木栄太郎らによって展開された「家」研究の流れも看過できない。小家族を中心とする実証的研究にのみ重点がおかれたことは、戦前の家族研究のもう一つの面を問わずに残してしまうことにつながった。ここには、戦後直後の「家」研究の停滞期や、家族研究の焦点が都市の小家族へ、そしてパーソンズに代表されるアメリカ社会学へと移行していったことも影響している。

本稿は、戸田貞三を軸に、それ以前、以後の家族研究史をいくつかの道筋から辿ることをテーマとした。取り上げた文献が家族社会学を中心とするものに偏っているため、小家族論、集団論的研究におのずと焦点を当てる結果となった。もし、家や村の研究に焦点を当てたならば、柳田を中心に、有賀、鈴木、喜多野らの登場場面が増える論考になり、家族研究のもう一面の課題、道筋を辿ることになったであろう。日本社会の家族研究にとって、このもう一つの研究史も重要であると感じているが、別稿に譲りたい。

【注】

（1）本章の引用は、旧漢字を新漢字に改めた以外は、原文のまま引用している。

（2）本書は、文字通り社会学研究室の設立一〇〇周年を記念して編まれたものであり、佐藤が主な編集を担当し、編集後記も記している（佐藤 2004）。本稿で引用・参考にしている文章は、すべて初出が他にあるため、出典は、初出とともに記載している。

（3）家族社会学の戦後の展開に関しては別の機会に論じた（米村 2021）。その一つ、東京学派のワークショップにおいては、日本の家族社会学の戦後の展開を取り上げたが、ワークショップのコメンテーターであった佐藤より、後日、戸田以前の社会学的な家族研究にも留意すべきであるとのコメントを受けた。当日の佐藤のコメントは（佐藤 2021）を参照。本稿は、その時の「宿題」に取り組むことを一つの目的としている。

（4）建部が東大を辞めた経緯について、戸田は次のように記している。

事件の内容というのは、私が間もなく帰国するについて、建部先生は予め私のために文学部の助教授の席を設けて置こうとされたところ、当時は定員が一杯で、文学部当局がそれを承知しなかったのに対し、先生は、では俺が辞めれば一つ席があくだろうというので、強いて辞められたのでした。(戸田［1953］2004：303)。

（5）外山のこの研究に関する戸田による紹介は（戸田［1925］1993)、『社会学研究室の一〇〇年』にも一部再録されている（一〇〇周年記念誌刊行委員会・東京大学文学部社会学研究室編 2004：162–5)。

（6）建部による『普通社会学 第三巻』（［1904］1921）には「家族体制」と題された章に約八十頁が割かれている。

（7）こうした小家族論への態度は、戦後、中野が家族社会学セミナーと距離をとることにもつながっているのかもしれない。一九六八年に開催された第一回の家族社会学セミナーについては、登壇者の顔ぶれや世代、関係性など森岡が詳しく紹介をしている。有賀と中野が参加しなかったことに関して、森岡が次のように回想している。

この二人とかつて同僚であった私がその斡旋をするところ、いろいろな事情でできなかったことを遺憾としている。両氏を招き寄せることは、いくらか勧誘に努めても結局成功しなかったのではないかと思うが、そのために、日本の家族研究の重要な一翼を代表した、家族を制度体 institution ととらえる立場、また家族を地域共同体や全体社会の構造の一部として扱う立場が、このセミナーでは弱くなる、ということになったように思われる。この点は、日本の家族社会学全体の弱点として指摘されているが、今後とくに留意しなければならないと考えるものである。(森岡 2005：210–1)

（8）たとえば、制度と理念の関連については、理念面（夫婦制家族と直系制家族）と現実面（夫婦家族と直系家族）を概念上分離して家族変動をとらえようとする概念枠組みに見ることができる。また、大イエ、小イエ、巨大イエという概念枠組みにおいて、家族研究と家研究の接合をはかったと記されている（森岡 2005)。

（9）『封建遺制』とは、敗戦後間もない一九四九年に開催された人文科学会のシンポジウムに基づいて一九五一年に刊行された論文集である。喜多野は、「同族組織と封建遺制」と題した論考を寄せている（喜多野 1951）。

(10) 戦後、封建遺制ブームのなかで、学術的に「家」を論じにくい時期があったことについては、複数の言及があり（渡辺 2013, 2017）、筆者もすでに紹介してきたところである（米村 2014）。

【文献】

一〇〇周年記念誌刊行委員会・東京大学文学部社会学研究室編、二〇〇四、『社会学研究室の一〇〇年――東京大学文学部社会学科／大学院人文社会系研究科』東京大学文学部社会学研究室。

喜多野清一、一九五一、「同族組織と封建遺制」日本人文科学会編『封建遺制』有斐閣、一七五―一九五頁。

小山隆・牧野巽・岡田謙・喜多野清一・那須宗一（司会）、一九七〇、「家族研究の回顧と展望（座談会）」山室周平・姫岡勤共編、『現代家族の社会学』培風館、二四五―二七六頁。

森岡清美、一九九三、『現代家族変動論』ミネルヴァ書房。

――――、二〇〇五、『発展する家族社会学　継承・摂取・創造』有斐閣。

――――、二〇一一、「私が出会った家族研究の四先達――鈴木・有賀・小山・喜多野の諸先生」『家族社会学研究』二三（一）：七―一八。

牟田和恵、一九九八、「家族制度・変動論の家族社会学における意味と意義」『家族社会学研究』一〇（一）：一一一―一三八。

中野卓、一九九二、『「学徒出陣」前後』新曜社。（一部再録：一〇〇周年記念誌刊行委員会・東京大学文学部社会学研究室編、二〇〇四、『社会学研究室の一〇〇年』、三一八―三二二頁。）

佐藤健二、二〇〇四、「編集後記」一〇〇周年記念誌刊行委員会・東京大学文学部社会学研究室編『社会学研究室の一〇〇年』、四七一―四七五頁。

――、二〇二一、「コメント二」『社会学の中の東京学派』東京学派ブックレットVol.2、八七―九六頁。

清水幾太郎、一九八五、「私の一生を決めた田山花袋『生』」『新潮四五＋』三月号新潮社、二一六―二二一。（再録：一〇〇周年記念誌刊行委員会・東京大学文学部社会学研究室編、二〇〇四、『社会学研究室の一〇〇年』、二七六―二七七頁。）

建部遯吾、［一九〇四］一九二一、『普通社会学　第三巻　社会静学　訂正七版』金港堂書籍。

戸田貞三、一九一三、「日本に於ける家の制度発達の研究」『日本社会学院年報』一（一／二）：三―一三八。（再録：一九九三、『戸田貞三著作集　第一巻』大空社。）

――、一九二五、「故外山教授の『神代の女性』に就いて」『社会学雑誌』（九）：一―二三。（再録：一九九三、『戸田貞三著作集　第一巻』大空社、一部再録：一〇〇周年記念誌刊行委員会・東京大学文学部社会学研究室編、二〇〇四、「外山教授の社会学」『社会学研究室の一〇〇年』、一六二―一六五頁。）

――、一九二六、『家族の研究』弘文堂書房。（再録：一九九三、『戸田貞三著作集　第二巻』大空社。）

――、一九三四、『家族と婚姻』中文館書店。（再録：一九九三、『戸田貞三著作集　第三巻』大空社。）

――、一九三七、『家族構成』弘文堂。（再録：一九九三、『戸田貞三著作集　第四巻』大空社。）

――、一九四二、「社会学科」東京帝国大学編『東京帝国大学学術大観総説・文学部』東京帝国大学、四〇九―四二六頁。（一部再録：一〇〇周年記念誌刊行委員会・東京大学文学部社会学研究室編、二〇〇四、「外山正一」『社会学研究室の一〇〇年』、一八三―一八七頁、一〇〇周年記念誌刊行委員会・東京大学文学部社会学研究室編、二〇〇四、「建部遯吾」『社会学研究室の一〇〇年』、二三二―二三三頁。）

――、一九四八、「建部先生の思ひ出」『社会学研究』二（一）：一一五―一一九。（再録：一〇〇周年記念誌刊行委員会・東京大学文学部社会学研究室編、二〇〇四、『社会学研究室の一〇〇年』二三四―二三八頁。）

――――、一九五三、「学究生活の思い出」『思想』（三五三）：八六―九五。（再録：一〇〇周年記念誌刊行委員会・東京大学文学部社会学研究室編、二〇〇四、『社会学研究室の一〇〇年』、二九七―三〇八頁。）

渡辺秀樹、二〇一三、「多様性の時代と家族社会学――多様性をめぐる概念の再検討」『家族社会学研究』二五（一）：七―一六。

――――、二〇一七、「家族研究の継承と課題〔一〕家族の多様性への多様な接近」藤崎宏子・池岡義孝編著『現代日本の家族社会学を問う――多様化のなかの対話』ミネルヴァ書房、二三九―二五二頁。

米村千代、二〇一四、『「家」を読む』弘文堂。

――――、二〇二一、「家族研究における戦前／戦後の諸潮流――家族変動論の一つの困難」『社会学の中の東京学派』東京学派ブックレット Vol.2、五二―六六頁。

第9章　コミュニティを統治する
――ハウジングの社会調査史

祐成保志

1　はじめに――社会調査とハウジングの遭遇

クラフタウン

調査の現場で、思いもよらず、にわかには説明のつかない事象に出くわす瞬間がある。それを見なかったことにして素通りするのではなく、あえて踏みとどまることで、研究が当初のもくろみとは異なる方向に進む場合がある。そしてこのまわり道が、新たな仮説や理論の創出につながる可能性がある。R・K・マートン（1910–2003）は『社会理論と社会構造』におさめられた「経験的調査の社会学理論に対する意義」で、「セレンディピティ」[1]という言葉をもちいて、調査が果たしうるこうした役割に光をあてた。

マートンが挙げる実例のなかにクラフタウンという町での調査がある。この町は完成してまだ数年の住宅地である。住民は、それまで住んでいた場所よりも活発に地域での活動に参加していた。育児で忙しい家庭も例外ではない。家を留守にしているあいだ、誰が乳幼児の面倒を見るのかと問うと、住民からは、近くに住む若者がその役をひきうけてくれるから安心して出かけられる、という答えがかえってきた。クラフタウンには、以前住んでいた地域にくらべて多くの若者がいるのだという。しかし、この回答は事実と食い違っていた。乳幼児たちに対する若者の比率は、実際にはクラフタウンの方がはるかに低かったのである。

なぜそのような錯覚が生じるのか。重要なのは、ある地理的な範囲に住んでいる若者の数ではなく、子どもたちの親の「視界」に入る若者の数ではないか。つまり、どれだけの若者が住民にとって「社会的に存在している」（Merton 1957=1961: 99）かが問題なのではないか。そうだとすれば、クラフタウンには、若者が大人の視界に入りやすくなるような、何らかの構造的な性質があるはずだ。そこにマートンは、社会の凝集性や相互の信頼という、未だ十分には観察されていない、しかし探求を進めるべき要因を見出した。(2)

ヒルタウン

『社会理論と社会構造』の「予言の自己成就」には、ヒルタウンという町が登場する。周知のように、予言の自己成就とは「当初の誤った状況の規定が新しい行動を呼び起こし、その行動によってこの誤った考えが実現してしまうこと」（Merton 1957=1961: 384-5）である。彼は、いくつかのエピソードにふれながら、人間がいかに易々とこうしたできごとの連鎖に絡めとられるかを説いた。そのうえで、慎重な計画をもってすれば、このような悪循環を断ち切ることができるとの見通しを示す。ヒルタウンは、その具体例として紹介される。

ヒルタウンは公営の集合住宅である。ここでは白人と黒人の家族数はほぼ同数であるという。白人たちに、ここに移り住む前、黒人との関係がうまくいくと期待していたかどうかをたずねたところ、楽観的な見方はごくわずかで、トラブルが起きると考えていた人が少なくなかった。もし予言の自己成就のメカニズムが作動したならば、人種間のトラブルが発生するという予期を前提とする行動が実際にトラブルをまねく、という事態が生じたであろう。しかし予言は裏切られた。当初は悲観的だった白人のうちの多くが、現在の人種間関係は良好であると評価するにいたったのである。

「予言の自己成就」の原論文と同じ一九四八年に発表された「ハウジングの社会心理学」をあわせて読むと、より具体的に、どのようにしてこの悪循環が断ち切られたのかが分かる。黒人にたいする不信感をもつ白人入居者のあいだには、やがて黒人の割合が上昇するだろうという懸念が根強かった。この懸念は白人の転居をうながし、空き住戸には高い割合で、入居差別や過密居住に苦しんでいる黒人が転入してくるだろう。時間が経てば、実際に黒人の割合は上昇することになる。これはまさしく予言の自己成就である。ヒルタウンの管理当局は、白人と黒人の戸数を同数にするという方針を堅持することで、そのような事態を防いだ。マートンはいう。「現在の均衡の維持を計画的に保証することは、将来の「異」人種の侵入に対する不安を抑制し、現在形成途上にある人種間の相互和解の継続のための土台を整えるために役立つ」(Merton 1948=2011: 143)。

計画的コミュニティ

クラフタウンとヒルタウンの調査には、ともにマートンが直接に関与していた。それらは、「コロンビア－ラヴァンバーグ研究」と呼ばれる大規模な研究の一環として実施されたものである。ニューヨークで低所得者向けの住宅供給を行っていたラヴァンバーグ財団が資金を提供し、コロンビア大学応用社会調査研究所が実施した。P・F・ラザースフェルド (1901-1976) のもとで副所長をつとめていたマートンが、このプロジェクトの責任者となった。

調査がはじまった一九四四年は、コロンビア大学のラジオ研究所が応用社会調査研究所に改組された年である。メディア研究にとどまらない社会調査の「応用」に乗り出した研究所にとっても、マートンにとっても、都市の社会生活は未踏の研究対象であった。この新たな課題に取り組もうとしたとき、有望なフィールドとして浮上したのが「計画的コミュニティ (planned community)」である。それは、まとまった土地 (団地) の開発、または集合住宅を指し、程度の差はあれ自己完結的な生活の単位となっている。

「計画的コミュニティは、社会科学の研究にとって、比類なき実験室を提供する」(Merton 1948=2011: 145)と述べたマートンは、一九四〇年代半ばからの数年間、かなりの労力をこの研究に注ぎ込んだ。授業でもしばしば言及し、学生たちに感銘を与えたようだ。一九五〇年代初頭にコロンビア大学の大学院生だったJ・コールマン(1926-1995)は、計量データ分析と社会学理論の関係が幸福だった頃の代表例として「マートンによる「近刊予定のハウジング研究」」(Coleman 1990a: 28)を挙げた。[3]ところが、予告されていた『社会生活のパターン——ハウジングの社会学の探究(*Patterns of Social Life: Explorations in the Sociology of Housing*)』と題する書物は、現在にいたるまで未刊のままである。

マートンの生誕百年にあたる二〇一〇年に公開されたコロンビア大学附属図書館希少本・原稿ライブラリー「ロバート・K・マートン文書」では、タイプ打ち未製本の『社会生活のパターン』(Merton et al. n.d.)を閲覧できる。この草稿を見ると、全十四章、約九〇〇ページにおよぶ大著が準備されていたことが分かる。各章のテーマは、地域のイメージから、人間関係のネットワーク、友人関係の選択過程、人種間関係、さらには地域政治と大衆参加、プライバシーの社会的価値、管理者の役割、計画と自由の関係にまでおよぶ。

マートンのハウジング研究については、K・フォックスが、都市計画への社会学の応用という観点から、マートン文書所蔵の資料を精査してその全体像を描いた(Fox 2020)。[4]マートンの学説研究を重ねてきたクロザーズの近著もフォックスの研究に注目している(Crothers 2021)。今後、社会学史と都市計画史の両面から再評価が進むだろう。

本章はマートンのハウジング研究それ自体というよりも、同時代の社会調査と共有していた問題意識と方法に着目する。そして、佐藤健二によって構想された「社会調査の社会史」(佐藤 1992: 203)への貢献を目指して、二つの問いに答えることを試みる——①社会調査は、ハウジングをどのように対象化したのか。②ハウジングは、社会調査にどのようなインパクトを与えたのか。

2　計画的コミュニティにおける実験——もう一つの効果研究

社会科学者によるハウジング研究

アメリカにおいて「ハウジングの社会学」の原型が形づくられたのは一九四〇～五〇年代である（Foley 1980）。この時期、ハウジングをテーマとする数多くの社会調査が実施された。当時の様子を知るのに最適な文献は、マートンらをゲストエディターに招いた『社会問題ジャーナル』の特集号「ハウジングにおける社会政策と社会調査」（一九五一年）である（表1参照）[5]。ここでは、マートンらと同じく「計画的コミュニティ」をフィールドとした研究に焦点を絞りたい。まずは、「認知的不協和の理論」で社会心理学史に名をとどめるL・フェスティンガー（1919-1989）による「建築と集団所属」をみてみよう。彼らのグループは、マートンのグループより後にハウジング研究を開始し、先んじて研究成果を発表しつつあった。おもなフィールドは、ウェストゲイトとリージェントヒルという小さな団地である。

ウェストゲイト

ウェストゲイトは一九四六年四月に完成した一〇〇戸ほどの住宅地で、マサチューセッツ工科大学が建設した退役軍人・既婚者向け学生宿舎である。調査は同大学のビーミス財団から資金提供を受け、同年十月から一九四七年八月まで実施された（Festinger et al. 1950: 15, 230）。その主要な問いは、建築が人間関係に与える影響であった。

この問いについては、早々と答えが得られた。距離が近く、向かい合わせの建物の住民どうしは、知り合いに

表1　「ハウジングにおける社会政策と社会調査」（1951年）目次

タイトル	著者 （ゴチックは特集の編者）	所属／分野
第1部　ハウジングおよび計画の実務家の視点		
1　ハウジングおよびコミュニティ計画における社会的な問い	Catherine Bauer	カリフォルニア大学バークレー校／都市計画
2　ハウジング計画の手段としての社会調査：英国	Henry Cohen	ニューヨーク市計画委員会／社会学
第2部　社会調査による貢献		
A　ハウジング過程の社会的文脈		
3　「フィルタリング」概念の再定式化	Ernest M. Fisher	コロンビア大学／経済学
	Louis Winnick	コロンビア大学／経済学
4　持ち家の幽霊	John P. Dean	コーネル大学／社会学・人類学・経済学
5　スラムの社会的費用	Jay Rumney	ラトガーズ大学／社会学
6　住宅建設の社会的組織化	Nicholas J. Demerath	ノースカロライナ大学／社会学
	George W. Baker	ノースカロライナ大学／社会学・人類学
7　中核都市における人口と自治体行政支出	Amos H. Hawley	ミシガン大学／社会学
B　ハウジングにおける社会関係と社会構造		
8　低・中所得住宅地区における階層分化	William H. Form	ミシガン州立大学／社会学
9　公共住宅における人種関係	**Marie Jahoda**	ニューヨーク大学／社会心理学
	Patricia Salter West	コロンビア大学／社会学
C　ハウジングの社会心理学と建築		
10　家族生活のための建築	Svend Riemer	ウィスコンシン大学／社会学
11　建築と集団所属	Leon Festinger	ミシガン大学／心理学
12　精神衛生に関連するハウジングの諸要因	F. Stuart Chapin	ミネソタ大学／社会学
D　社会調査の応用に関する諸問題		
13　ハウジングにおける社会政策と社会調査の相互作用	**Hanan C. Selvin**	コロンビア大学／社会学

なりやすかった。それは意外な結果ではない。興味深いのは、物的環境と住民の満足感のずれである。ウェストゲイトの物的環境は劣悪であった。地面はむき出しで手入れされておらず、冬には暖房が効かず、雨漏りが絶えない。にもかかわらず住民の満足感は高く、他の場所に移りたいという住民はほとんどいなかった（Festinger 1951: 158-9）。大きな理由は住民どうしの活発な交友関係である。

あるとき、ウェストゲイトに隣接する空き家から出火し、焼失した。団地内にも火の粉が降り注ぎ、延焼の危険もあった。このできごとをきっかけに、住民の一部が防災組織を結成した。この組織は防災にとどまらず、余暇活動まで扱うようになった。その動きは、やがて中庭をかこむ「コート」を単位とする住民協議会の設立に発展した（Festinger 1951: 159）。さまざまな欠陥やトラブルとその克服の経験は、むしろコミュニティの一体感を強めた。そのことは、「我々はみな一つのボートに乗っている」（Festinger 1951: 159）という住民の発言に集約される。

リージェントヒル

もう一つの調査地であるリージェントヒルは、一九四二年十二月に軍需造船労働者のために政府が建設した一〇〇戸ほどの団地である。住民どうしの関係は、ウェストゲイトとは大きく異なっていた（Festinger 1951: 161-2）。リージェントヒルでは、住民のあいだに相互不信がうず巻いており、多くの住民が隣人のことを見下していた。そして住民は、周囲の町の住民から見下されていると感じており、団地の外で交友関係をつくることをためらった。やがて、団地そのものが周囲の町から孤立していった。住民の満足度は低く、転出の機会をうかがっていた。

リージェントヒル調査に資金を提供したのは海軍である。それは、住民間の社会的接触を促進することで住民の態度を変化させられるかを問う社会実験であった。一九四七年一月から九月にかけて、コミュニティ・ワーカーによる活動プログラムが三期にわたって実行され、効果が検証された。もっとも、その報告書を読むかぎり、結果は芳しいものではなかった。活動プログラムは、もともとコミュニティ活動に好意的だった人には有効であるが、それ以外の人に対しては効果がなく、団地内の分断を促進した可能性すらあるというのだ。「もしこのプログラムがその後も継続されていたならば、実際にサブグループの形成や表立った衝突につながったかもしれない」（Festinger and Kelley 1951: 71）。

流言の発生と伝播

リージェントヒル調査では、偶発的なできごとに導かれることで重要な副産物が生まれた。流言の発生と伝播についての分析である（Festinger et al. 1948）。

コミュニティ・ワーカーは、調査の準備段階から住民委員会の役員や団地管理者に接触し、調査がはじまると本格的に住民の組織化を進めた。わずか数週間のうちに保育園、学童保育、成人教育などの小委員会が設置され、総会には四十名以上の住民が集まった。開設以来、何度も失敗に終わっていたコミュニティ活動が、研究プロジェクトの助けを借りてようやく軌道に乗りはじめたのである。この過程で、住民委員会とは距離を置いていたC氏が頭角をあらわし、保育園小委員会のリーダーとして活躍するようになった。

プログラムが順調に進行しているかに見えた二月下旬のことである。コミュニティ・ワーカーがある小委員会の会合に出席するためにリージェントヒルを訪れると、住民から、会合はすべて中止になったと告げられた。理由は、活動の主要メンバーであるC氏が共産主義者であり、研究プロジェクトのスポンサーが共産党であることが判明したから、というものだった。この流言は二週間ほどで団地内に広がり、内容は日に日に精密さを加えていった。

フェスティンガーらは、C氏とプロジェクトについての流言が発生した要因を次のように分析する（Festinger et al. 1948: 473-6）。第一に、研究プロジェクトの動機が不明確であること。なぜこれほど多大な労力を払ってコミュニティ活動のお膳立てをしてくれるのか。その理由を不審に思う住民にとって、共産主義の宣伝活動のためという説明はもっともらしく聞こえた。第二に、新しいリーダーに対する古いリーダーの反感。流言の扇動者は、住民委員会の幹事であった。彼女が旧知の団地管理者を巻き込むことで、うわさは公的な承認を得た。C氏がユダヤ系であることも不利に働いた。第三に、マスメディアの報道。この時期、新聞では連日のように共産主義の脅威が煽られていた(6)。

自らのコントロールが十分におよばない状況で、認知的に不明確なできごとが起きている場合、それに統合的な説明を与えるように流言が生まれる（Festinger et al. 1948: 483-5）。この結論はきわめて明快である。とはいえ、流言の発生が偶発的なものであったために、リージェントヒルでは同時進行で伝播経路を把握することまではできなかった。

一九四七年五月、ウェストゲイトでは、この困難な課題に取り組む研究が敢行された（Festinger et al. 1950: 229-30）。フェスティンガーたちは、「住民協議会の活動がマスメディアによって取り上げられる」というニセの情報を住民に伝え、その広がりを観察することを計画した。このとき彼らは、二つのコート（小区画）にねらいを定めた。一つは、住民協議会に賛同する住民が多いTコート、もう一つは、非賛同者が多いHコートである。

Tコートには雑誌記者に扮した調査員が、Hコートにはラジオ局員に扮した調査員が訪れ、取材と称して住民から話を聞いた。そして、（ニセ）取材を受けた人が、そのことを誰に話したかが追跡された。すると、Tコート発の情報はコートから離れた場所に住む人びと――住民協議会の創設メンバーなど――にまで届いていたが、Hコートから情報が外に出ることはなかった。

この実験は、情報の伝達が「選択的」に行われることを明らかにした。すなわち、「コミュニケーションは、その情報によってもっとも影響を受けると思われる者や、コミュニケーションが容易な者、つまりは友人に向かって流れる」（Festinger et al. 1950: 130）。この偏り、あるいはゆがみは、団地という、建築的な側面をみれば均質なフィールドにおいてこそ、鮮明に浮かびあがった。その意味で、フェスティンガーは計画的コミュニティを文字通り「実験室」として活用したといえるだろう。

メディア研究とハウジング研究の架橋

計画的コミュニティの社会（心理）学的研究には、計画の効果を探るという目的があった。それがメディアの効果研究と同型であることを意識的に論じたのはH・ガンズ（1927-）である。計画者は、その効果が直接に利用者におよぶことを期待しがちである（皮下注射モデル）。しかし、メディア研究の限定効果モデルが明らかにしたように、効果は利用者の先有傾向などに媒介される。フェスティンガーらは、コミュニティの計画に関しても、限定効果モデルが有効であることを明らかにしたのである（Gans 1968: 18）。

のちにガンズは、「可能的環境」と「実効的環境」という概念を提起した。前者は「操作しうる環境あるいはその諸要素」、後者は「可能的環境のうち、利用者によって知覚され、認識され、創造されたもの」である（Gans 1991: 27）。利用者は計画者の想定通りに行動するとはかぎらない。計画者が重視する価値と利用者のそれが離れていればいるほど、計画者からみて「望ましくない使い方（nonconforming use）」（Gans 1968: 19）が増える。それは計画者の力不足ゆえというよりも、利用者の側に環境を読み解き、つくり出す力がそなわっているからである、とガンズは見る。こうして、メディア研究とハウジング研究は、「実効的環境をいかに記述・分析するか」という問いによって架橋された。

3　計画的コミュニティとしての日系人収容所——限界状況の社会調査

管理者の役割

『社会問題ジャーナル』のハウジング特集に話を戻そう。W・フォーム（1917–2015）の「低・中所得住宅地区における階層分化」が取り上げたのは、計画的コミュニティにおける政治力、経済力、社会的威信の格差である。計画者たちは、異なる階層に属する人びとのあいだで亀裂が深まる大都市の状況を憂慮し、異質な人びとがバランスよく混ざりあった環境（現在ではソーシャルミックスとかミクストコミュニティと呼ばれる）を創出しようとする。そして、計画的コミュニティを通じた「民主的なタウンミーティングの気風や社会的平等主義」（Form 1951: 121–2）の復活に望みを託す。フォームは多くの研究を示しながら、そうした期待が実現する可能性は低いと指摘する。これもまた、限定効果論にもとづく分析といえるだろう。

フォームの独自性は、フェスティンガーの研究では後景に退いていた管理者の役割に着目するところにある。

計画的コミュニティにおける階層化は、住民の先有傾向や相互のコミュニケーションのみによって生じるわけではない。管理者がどんな資源を誰にどのように配分するかが、住民生活に大きな影響をおよぼす。ハウジング・マネージャーという職業に焦点をあてるのは、C・W・ミルズのもとでコミュニティ研究に取り組み（Form 2002: 59）、のちに産業社会学に転じて数々の業績を残したフォームならではの着眼であろう(7)。

管理者の行動を左右するのは、自身の役割についてのイメージである。フォームはそう指摘したうえで、日系人収容所を例に挙げる。各地の収容所の監督官たちは、自分が担当する収容所、被収容者、自らの役割について、さまざまに異なる認識をもっていた。ある監督官は自分が受け持った収容所を大学にたとえた。被収容者は学生であり、管理者は教師というわけである。他の監督官たちは精神病院、刑務所、あるいは理想的コミュニティになぞらえた。こうしたイメージもしくは定義の違いが、運営方針に大きな影響を与えることはいうまでもない。

フォームは日系人収容所について、プロヴィンスとキンボールの「戦時下における新しいコミュニティの構築」（Provinse and Kimball 1946）を参照した。二人は収容所を管轄する戦時転住局（WRA）に勤務していた。この論文には、カリフォルニア大学バークレー校のL・ブルーム（1911–2009）によるコメントが付されている。自ら日系人家族の研究に取り組んでいたブルームのコメントは辛辣である。収容所に存在したのは「コミュニティ」などではなく、「不満と混乱を抱えた人びとの集合体」にすぎなかったというのだ（Bloom 1946: 410）。日系人収容所を計画的コミュニティとして扱うことは、一つの立場を選択することを意味する。しかし、当時のアメリカ社会においてそのような立場が制度的な正当性を有していたことは注目に値する。

ポストン日系人収容所(8)

日米開戦から二ヵ月あまり経った一九四二年二月十九日、F・ルーズヴェルトは大統領令九〇六六号を発令した。これにより、西海岸に軍事区域が設定され、日系人は区域内に居住できなくなった。三月には大統領令九一〇二号によって戦時転住局が設立された。政府は日系人の自発的な退去を禁止し、「避難者に対する計画的で秩序ある移転プログラム」（アイゼンハワー声明、Kimball 1946: 2より）、つまりは強制的な退去と「転住センター」への収容をはじめた。五月から十一月までに、約十一万人の日系人が十ヵ所のセンターに収容された。

それぞれの収容所には病院、学校、自治組織などが整備され、一つの町としての実質を有していた。社会調査の歴史にとってとりわけ重要なのは、アリゾナ州南部の先住民居留地に建設された「コロラド川戦時転住センター」（ポストン収容所）である。ピーク時に一万七八六七人が収容され、アメリカ最大の収容所としても知られる。ここには他にはない機関があった。「社会学研究局（The Bureau of Sociological Research）」である。

社会学研究局の設置を発案し、その活動を主導したのは、一九四二年六月に海軍軍医隊から派遣されてきたA・レイトン（1908-2007）である。精神科医でナバホ族やエスキモーを調査した経験があった。戦時転住局が直轄する他の収容所と異なり、ポストンは先住民行政を担当するインディアン局が管理を担当した。同局がすでに人類学者の専門的助言を活用していたこともあり、レイトンの提案は全面的に受け入れられた。

逆境下の社会調査

一九四二年夏にはじまった調査は翌年九月に終了した。その直後に『パブリック・オピニオン・クォータリー』に掲載された「転位したコミュニティにおける世論の測定」（Leighton and associates 1943）には、たんなる調査報告をこえた臨場感がある。

レイトンは人類学に造詣の深い精神科医であり、彼のもとに集った専門家も人類学のトレーニングを受けた研究者だった。ではなぜ「社会学研究局」を名乗ったのか。未開社会をイメージさせる「人類学」よりも、「社会学」の方が、被収容者の反発を受けにくいだろうというのが一つの理由だった。そこには、被収容者から調査がどう見られるかについての配慮が働いている。もっともレイトンらは、のちにこの名称が失敗であったとふりかえっている。「局（bureau）」がＦＢＩのような捜査機関を連想させてしまったというのが、その理由である（Leighton and Spicer 1945: 379）。

ポストンの社会学研究プロジェクトは軍事作戦や捜査活動ではなかったが、政府による収容所の管理業務に組み込まれていた。多くの被収容者は政府に批判的であった。人びとは、日本からの移民とその子孫であるというだけで、たとえアメリカの市民権をもつ者であっても、政府の強制力によって居住地を追われ、財産や仕事を失い、自由を奪われた。実施主体が行政の一部門であることは、調査にとって不利な条件であった。「調査スタッフが直面したもっとも困難な問題の一つは、いかなる形の調査に対しても、コミュニティが敵意をもっているということであった」（Leighton and associates 1943: 656）。社会調査が、何が起きているかだけでなく、人びとが何を考え、感じているかを知ろうとするかぎり、このうえない逆境といえる。

調査への敵意は、複合的な恐怖心に裏打ちされていた。日米開戦後、反米的な活動に従事している、またはその意図があると見なされた日系人は、ＦＢＩなどによって逮捕され、収容所ではなく刑務所に送られた。人びとは、その多くが虚偽の情報にもとづく不当な仕打ちであると考えていた。そして、罪のない者を刑務所に追いやったのは、心ない日系人の「通報者」たちであると信じていた。日系人のあいだに疑心暗鬼が広がり、収容所では通報者と目された人物に対する攻撃が頻発していた。人びとは、自分が通報者であると疑われるような行動を避けた。「多くの被収容者が行政官と話しているところを見られるのを恐れた」（Leighton and associates 1943: 657）のは、そのためである。

こうした圧倒的に不利な状況のもとで、調査は開始された。研究プロジェクトの任務は、当初、収容所の管理の改善に役立つ調査、ならびに将来の占領地域の管理に資する調査とされていた。ほどなくして、もう一つの目的が加わった。それは、「戦争継続中または終結後の占領区域において有用な、社会分析を行う日系人フィールドワーカーを育成する」（Leighton and Spicer 1945: 373）というものである。一世を中心に、日本語を常用する人たちは少なくなかった。[9] 日系人の採用は、現地との関係を築くうえで不可欠であったと思われる。

調査は当時の最先端の技法を駆使して進められた。[10] とくに興味深いのは、コミュニティにおける集合的な感情の推移を可視化する試みである。調査プロジェクトのスタッフは、週一回、調査結果をもちより、生活の主要な領域についての人びとの関心の高さと、満足と不満の度合いを報告した。合議の結果は点数化された。たとえば、一九四三年四月のチャートによれば、月の前半には「食糧」にたいする不満が強かったが、事情が改善されると人びとの関心は薄れている。月の後半には「外部集団との関係」への懸念が高まった。これは、日系人に対する新聞の論調が硬化したことへの反応であるとされた。できごとと反応のパターンを蓄積することで、近い将来の感情や態度の予測が試みられた（Leighton and associates 1943: 662）。

一九四二年十一月、ポストン収容所の一部区画では被収容者による大規模なストライキが起こった。管理当局はストライキ参加者と交渉するか、武力行使で鎮圧するかの決断を迫られた。レイトンらは、慎重な交渉は良い結果につながるだろうが、武力に訴えれば暴動の拡大、人命の損失、協力者の離反、長期にわたる混乱が生じるだろう、と訴えた。最終的に、当局はレイトンらの提案を受け入れた。事態が収束した後、「人びとと統治機関との協力関係は、センターの開設以来もっとも緊密で効率的なものとなった」（Leighton and associates 1943: 663）という。

日系人フィールドワーカー

日系人の収容は、当初は戦争終結まで継続される予定であった。アメリカ政府は一九四二年秋にはこの方針を修正し、収容所を退去して軍事区域を除く一般の地域に転居すること（再定住）を推奨するようになった。しかしながら、これに応じる被収容者は少数にとどまった。T・ヤツシロ（1917–2015）、I・イシノ（1921–2012）、Y・マツモト（1921–?）による「日系人は再定住をどう見るか」（Yatsushiro et al. 1944）は、ポストン収容所での世論調査をもとに、再定住に関する人びとの意識を分析したもので、『パブリック・オピニオン・クォータリー』の一九四四年夏号に掲載された。

この報告は、再定住に前向きな二世と消極的な一世の亀裂を鮮やかに描いた。特筆すべきは、これが、ポストン社会学研究局の第三の任務とされた「日系人フィールドワーカーの育成」の目ざましい成果を示していることである。ポストン収容所に調査員として採用された日系二世の若者たちは、前報では集団としての「協力者」（associates）であったが、ここでは固有名をもった個人として発言しているのである。

その後、レイトンの研究班は中央の戦時情報局（ＯＷＩ）のもとで、陸軍情報部（ＭＩＳ）の日本人捕虜尋問記録や秘密情報の分析を担当した。その功績が認められ、一九四四年八月には海外戦意分析課として独立する。当初のメンバーはレイトン、ヤツシロ、イシノ、マツモトの四人であった（ケント 1997: 188）。この部門は対日戦争の終結と占領政策を見すえて大幅に拡充され、のちに『菊と刀』を書くR・ベネディクトなど、多くの分野の研究者が参加した。日系人フィールドワーカーたちは、コミュニティ分析、世論調査、日本語、日本文化の専門家として、データの処理や分析にあたった（Leighton 1949: 224）[11]。

日系人の若者をフィールドワーカーとして育てたのはレイトンのプロジェクトだけではない。カリフォルニア大学バークレー校を拠点に、D・トマス（1899–1977）が率いた「日系アメリカ人収容・再定住研究」は、専門的な人類学・社会学の教育を受けた日系人を採用した。その一人がT・シブタニ（1920–2004）である（後藤 2018）。最終的にはトマスらの研究グループから離脱したものの、彼の『流言と社会』（Shibutani 1966=1985）には、当時の知見も利用されている。また、独自に調査を進めていたL・ブルームは、J・キツセ（1923–2003）の協力を得て日系人家族の研究を継続し、『管理された犠牲者』（Broom and Kitsuse 1956）を二人の共著として刊行した。

4 社会調査のミクロ社会学──調査という経験の質

二つのヒエラルキー

レイトンは、『人間の統治』(Leighton 1945) で、ポストン収容所ストライキの背景と経過を詳細にたどり、ストレスにさらされた人間と社会に何が起こるか、政府はどう対処すべきかを説いた。同書にはポストンの経験からの教訓として、あわせて五十近くの命題が示されている。そのなかに、「行政機関は、つねに、その活動が行われるコミュニティの社会組織におけるリーダーシップと権威のパターンに組み込まれている」(Leighton 1945: 343) というものがある。(12) レイトンは、収容所にかぎらず、アメリカ政府の先住民、植民地、人種関係についての政策がこの点に無自覚であることを批判し、コミュニティの秩序への「統合」あるいは「適合」をはかることこそが、新しい行政の課題であると主張した。

W・フォームは前述した『社会問題ジャーナル』の論考でこの命題を引用し、次のように続ける。「マートンの研究はこの仮説を精緻化したもので、計画的住宅地のコミュニティにおいて、管理者側と住民側の二つの権威のヒエラルキーが存在することを示した」(Form 1951: 126)。マートンの研究とは、「計画的コミュニティにおけるフィールドワークの諸問題」(Merton 1947) のことである。(13) それは、クラフタウン調査の副産物といえる社会調査論である。

クラフタウンでは管理者と住民のあいだで断続的に衝突が生じていた。二つの権威のヒエラルキーが食い違っていたのである。そのような状況で、調査者が住民から「管理者の回し者」と見られれば、「よそ者としての価値」(Merton 1947: 305) は損なわれる。他方で、管理者との良好な関係なしに調査を進めることはできない。このジレンマを解くためにマートンたちが編み出したのは、「二重参入」である (Merton 1947: 306)。管理者と住民にほぼ同時に、ただし前者には水面下で、後者には表立って接触した。マートンは、九割近くに達した回答率や、住民がしばしば管理者に対する辛辣な意見を表明したことなどから、この戦略は成功したと述べている。

被調査者は調査をどう見るか

マートンの論考の目的が、首尾よく調査を進めるためのテクニックを開陳することではなく、社会調査についての再帰的な考察である点に注目したい。

クラフタウンの面接調査では、全質問が終わった後に、調査についてどう感じたかをたずねる時間がもうけられた。これには、調査に対する不満のはけ口を提供するという目的のほかに、ラポール（協力度）の高さを見積もるというねらいがあった。協力度は、面接調査員による点数化、面接調査時間の長さ、被調査者による評価によって測定された。

どのような人びとの協力度が高かったのか。地域生活との関係では、クラフタウンの住民組織のリーダー、影響力を行使したいと考える人びと、フォーマル・インフォーマルのグループ活動に積極的な人びと、ローカルなネットワークに組み込まれている人びとが調査に協力的であった。他方で、社会的に孤立している人びとにとっては、待ちに待った意見表明の機会として受け止められることがあった。属性をみると、中年で高学歴のホワイトカラーの人びとが、調査に強い関心を寄せた。調査する者とされる者の地位が似ている場合にラポールが形成されやすいという指摘（Merton 1947: 309）は含蓄に富む。

さらに興味深いのは、協力度の違いをもたらす要因の検討である。マートンは、人びとがどれだけ調査に協力するかは、調査という状況を回答者たちがど

表２　「面接調査という状況」の定義
（Merton 1947: 310-1 より作成）(14)

1.	【投票】	意見表明のための民主主義的手段
2.	【試験】	知的労力を要する経験
3.	【告白】	内面生活についての棚卸し
4.	【流行】	社会調査の制度化されたパターン
5.	【資格】	自己形成および地位授与の機能
6.	【治療】	カタルシス
7.	【投影】	ホワイトカラー労働者としての調査員
8.	【運動】	現在進行中の社会的な事業への参加

う定義するかにかかっていると考えた。面接調査は質問紙にもとづく標準化されたものであったが、人びとが調査をどのように経験するかは、まったく標準化されていなかった(表2)。「面接調査のイメージは、人びとの自己認識、面接調査員との個人間関係、人びとと面接調査員の相対的な社会的地位によって形成される。面接調査におけるラポールの水準とデータの性格は、このイメージに応じて変化する」(Merton 1947: 312)。この仮説は、調査という場を成り立たせる主体間の相互作用に光をあてる、社会調査のミクロ社会学というべき洞察にみちている。

5 むすび――社会調査は誰のものか

本章の問いは、①社会調査は、ハウジングをどのように対象化したのか。そして、②ハウジングは、社会調査にどのようなインパクトを与えたのか、というものであった。

①については、居住の近接性や境界の明確さという物的な側面と、有形無形の資源の計画的な配分という管理の側面で、ハウジングの効果に関心が寄せられていたことが分かった。社会調査は、その効果が居住者の属性やコミュニケーションによっていかに屈折するかをとらえた。表面的には均質にみえる計画的コミュニティの環境は、かえって、経験の質的な差異を浮かびあがらせる。その知見は、より精緻な計画への手がかりをもたらすものであった。一九四〇年代のハウジング研究は、「社会的なるもの」から「コミュニティを通じた統治」(Rose 1999)への転換点に位置しているのかもしれない。

②については、ハウジングは社会調査に「実験室」を提供したといえるだろう。ウェストゲイトにおける流言の伝播経路の社会実験がそうであるし、コミュニティの構造と動態を把握しようとしたレイトンのポストン調査

もしかりである。と同時に、調査者は「実験室」なる比喩とかけ離れた現実にも直面した。リージェントヒル調査が流言を生んだように、あるいはマートンが「治療」と呼んだように、調査は対象を変えてしまうことがある。それは、被調査者が観察される対象にとどまらず、調査者を観察し、調査者によって観察される自己や隣人を観察して自らの行動を調整するからである。それだけではない。調査を「運動」への参加ととらえる人びとに顕著なように、人びとは調査を自らの生活に取り込み、領有しようとする。日常生活の場に踏み入る調査であればこそ、社会調査は誰のものか、という問いから逃れることはできないのである。

本稿は科学研究費基盤研究（C）「ハウジングの社会学における基本問題の方法史的検討」（課題番号26380644）にもとづく研究成果の一部である。

【注】

（1）邦訳では「掘り出し型」とされている。マートンはセレンディピティに並々ならぬ関心を抱いていた（Merton and Barber 2004）。

（2）ここには、帰納、演繹とは異なるアブダクション（仮説発想）の論理が示されている。山田一成は、アブダクションの論理について、「①驚くべき事実Cがある、②しかしAならばCである、③ゆえにAである」という哲学者・米盛裕二による定式化（『パースの記号学』一九八一年、勁草書房）を紹介している（山田 2009: 157）。クラフタウンの例でいうと、Cが住民の錯覚であり、Aにあたるのが社会の凝集性や相互の信頼である。

（3）コールマンの主著『社会理論の基礎』には、ソーシャル・キャピタルの概念に関連してクラフタウンの事例への言及がある（Coleman 1990b=2011: 488）。

（4） 一九五四年には『社会生活のパターン』の謄写版が約一〇〇部作成され、都市社会学者や都市計画家に送付されたという（Fox 2020: 300）。マートン文書が所蔵する草稿が作成された時期は不明だが、かなり完成稿に近い状態であることから、配布されたのはこのバージョンである可能性が高い。

（5） この特集号への寄稿者以外の重要な成果として、M・ドイッチとM・コリンズ（ニューヨーク大学）の人種混合公営住宅の研究がある。そこではマートンらの研究（おもにヒルタウン調査）が重要な先行研究として扱われ、『ハウジングの社会心理学の探求』というタイトルで出版予定とされている（Deutsch and Collins 1951: 125n）。

（6） その後、研究プログラムの目的と資金源を明示する、新しい活動に古いリーダーを取り込む、団地管理者の支持を取り付ける、流言を扇動した人物の影響力を低下させる、といった対策が取られ、プログラムは再開された。

（7） 一九七〇年前後にイギリスの社会学で議論された「都市管理者」（Pahl 1970）概念を先取りしていたともいえる。イギリスのハウジング・マネージャーについては、祐成（2021）参照。

（8） 本項および次項の記載は、Leighton and associates（1943）、Yatsushiro et al.（1944）、Leighton and Spicer（1945）、Kimball（1946）にもとづく。

（9） 田村編（2009）によると、一部の被収容者は、ひそかに短波ラジオを組み立て、日本からの放送を傍受して記録を手書きで複写し、「大本営新聞」などと称して配布していたという。

（10） ①全体観察（日常的な会話やさまざまな目的の会合の観察、出版物の概要）、②リーダー層への集中的な聞き取り、③国勢調査・雇用部門・学校・教会などからの記録の収集、④質問項目を絞って網羅性と統計的な有意性を重視した世論調査、⑤精神医学の方法をコミュニティ研究のために修正したパーソナリティ調査（ライフストーリー、対人関係、気質、夢、心理テストなど）。このような、日常生活を包括的にとらえる調査手法の開発、とりわけ観察の体系化への強い志向は、一九三〇年代イギリスにおける大衆観察（Mass Observation）にも見られる。大衆観察については、祐成（2019）参照。

（11）リージェントヒル調査の報告書の序文に、「トシオ・ヤツシロ氏が質的記録の分析に従事した」との記載がある（Festinger and Kelley 1951）。彼らは、身につけた調査技術を携えて戦後アメリカ社会を生きた。その足取りについては別の機会に追跡したい。

（12）レイトンは、社会組織（social organization）に、たんなる集団をこえた意味をこめている。「社会組織とはパターン化された習慣、マナー、物事の進め方の巨大な集合体であり、人びとはそこに生まれ、人びとはこれを学び、次の世代に伝えていく」（Leighton 1945: 323）。

（13）レイトンとマートンが実際にどのような関係にあったのかは不明である。ただし、Merton（1949）の謝辞にはレイトンの名がある。

（14）マートンが番号を付けてリストとして示したのは一から六までであるが、本文から七と八を加えた。また、【　】内の見出しは引用者がつけた。

【文献】

Bloom, L., 1946, "Building New Communities during War Time: Discussion," *American Sociological Review*, 11(4): 409-10.

Broom, L. and J. I. Kitsuse, 1956, *The Managed Casualty*, Berkeley: University of California Press.

Coleman, J., 1990a, "Robert K. Merton as Teacher," J. Clark, C. Modgil and S. Modgil eds., *Robert K. Merton*, London: Falmer Press, 25-32.

———, 1990b, *Foundations of Social Theory*, Cambridge: Belknap Press of Harvard University Press.（久慈

利武監訳、二〇一一、『社会理論の基礎 上』青木書店。)
Crothers, C., 2021, *Reintroducing Robert K. Merton*, New York: Routledge.
Deutsch, M. and M. E. Collins, 1951, *Interracial Housing*, Minneapolis: University of Minnesota Press.
Festinger, L., 1951, "Architecture and Group Membership," *Journal of Social Issues*, 7(1-2): 152-63.
Festinger, L., D. Cartwright, K. Barber, J. Fleischl, J. Gottsdanker, A. Keysen and G. Leavitt, 1948, "A Study of a Rumor: Its Origin and Spread," *Human Relations*, 1(4): 464-86.
Festinger, L., K. Back and S. Schachter, 1950, *Social Pressures in Informal Groups*, California: Stanford University Press.
Festinger, L. and H. Kelley, 1951, *Changing Attitudes through Social Contact*, Research Center for Group Dynamics, Michigan: University of Michigan.
Foley, D., 1980, "The Sociology of Housing," *Annual Review of Sociology*, 6: 457-78.
Form, W. H., 1951, "Stratification in Low and Middle Income Housing Areas," *Journal of Social Issues*, 7(1-2): 109-31.
———, 2002, *Work and Academic Politics*, New York: Routledge.
Fox, K., 2020, "Sociology Applied to Planning," *Journal of Planning History*, 19(4): 281-313.
Gans, H., 1968, *People and Plans*, New York: Basic Books.
———, 1991, *People, Plans, and Policies*, New York: Columbia University Press.
後藤将之、二〇一八、「シカゴ社会学の鍵概念(その三)」『成城文藝』二四四:七四―五一。
ケント・ポーリン、一九九七、「解説二 ベネディクトの人生と学問」ルース・ベネディクト/福井七子訳『日本人の行動パターン』NHKブックス、一七三―二一一頁。

Kimball, S. T., 1946, *Community Government in War Relocation Centers*, Washington: U. S. Government Printing Office.

Leighton, A. H., 1945, *The Governing of Men*, Princeton: Princeton University Press.

———, 1949, *Human Relations in a Changing World*, New York: E. P. Dutton.

Leighton, A. H. and associates, 1943, "Assessing Public Opinion in a Dislocated Community," *Public Opinion Quarterly*, 7: 652–88.

Leighton, A. H. and E. H. Spicer, 1945, "Applied Anthropology in a Dislocated Community," A. H. Leighton, *The Governing of Men*, Princeton: Princeton University Press, 371–97.

Merton, R. K., 1947, "Selected Problems of Field Work in the Planned Community," *American Sociological Review*, 12(3): 304–12.

———, 1948, "The Social Psychology of Housing," W. Dennis ed., *Current Trends in Social Psychology*, Pittsburgh: University of Pittsburgh Press, 163–217.（祐成保志訳、二〇一一、「ハウジングの社会心理学」『人文科学論集人間情報学科編』四五：一三五―一六四。）

———, 1949, "The Role of Applied Social Science in the Formation of Policy," *Philosophy of Science*, 16(3): 161–81.

———, 1957, *Social Theory and Social Structure, Rev. and enl. ed.*, New York: Free Press.（森東吾・森好夫・金沢実・中島竜太郎訳、一九六一、『社会理論と社会構造』みすず書房。）

Merton, R. K. and E. G. Barber, 2004, *The Travels and Adventures of Serendipity*, Princeton: Princeton University Press.

Merton, R. K., P. S. West and M. Jahoda, n.d., *Patterns of Social Life*, Columbia University Bureau of Applied

Social Research. [Robert K. Merton Papers], Rare Book & Manuscript Library, Columbia University in the City of New York. Boxes 210 and 211.
Pahl, R. E., 1970, *Whose City?*, London: Longman.
Provinse, J. H. and S. T. Kimball, 1946, "Building New Communities during War Time," *American Sociological Review*, 11(4): 396–409.
Rose, N., 1999, *Powers of Freedom*, Cambridge: Cambridge University Press.
佐藤健二、一九九二、「都市社会学の社会史」倉沢進・町村敬志編『都市社会学のフロンティア 一 構造・空間・方法』日本評論社、一五一―二二五頁。
Shibutani, T., 1966, *Improvised News: A Sociological Study of Rumor*, Indianapolis: The Bobbs-Merrill Company.（広井脩・橋元良明・後藤将之訳、一九八五、『流言と社会』東京創元社。）
祐成保志、二〇一九、「大衆の観察／大衆による観察」『現代思想』四七（九）：一九一―二〇三。
――――、二〇二一、「社会政策としての住宅政策・再考」上村泰裕・金成垣・米澤旦編『福祉社会学のフロンティア』ミネルヴァ書房、一三九―一五五頁。
田村紀雄編、二〇〇九、『ポストン収容所の地下新聞』芙蓉書房出版。
山田一成、二〇〇九、「仮説が生まれるとき」佐藤健二・山田一成編『社会調査論』八千代出版、一五三―一七四頁。
Yatsushiro, T., I. Ishino and Y. Matsumoto, 1944, "The Japanese-American Looks at Resettlement," *The Public Opinion Quarterly*, 8(2): 188–201.

第10章

歴史社会学の作法の凄み
――『流言蜚語』について

赤川学

1　佐藤社会学の出立

ウェーバー社会学、デュルケム社会学など、個人名が付されるにふさわしい社会学の知識と実践がある。佐藤健二が実践してきた社会学は、「佐藤社会学（ないしサトケン社会学）」と呼ばれるべき実質を備えていたと、後世の人から評価されるのではなかろうか。

佐藤社会学の最も大きな特徴は、先人の知的格闘に対する巨大な敬意《リスペクト》にあると、筆者には思われる。『読書空間の近代』（1987）に始まり、『社会調査史のリテラシー』（2011）、『柳田國男の歴史社会学』（2015）を経て、近著『真木悠介の誕生』（2020）に至るまで、佐藤の社会学は、先人の社会学者や研究者の学説を要約・紹介するにとどまらず、先人がどのような背景や知的文脈のもとで資料や現実と向かいあい、知的生産をなしてきたかを、ほとんど自ら追体験するかのように再＝現前化（represent）させようとしてきた。

佐藤社会学の特徴がとりわけ顕著に現れているのは、『流言蜚語』第二章「資料の形態を読む」ではなかろうか。実際、佐藤自身の回顧によっても、後にこの章に帰結する、一九八五年の「池内一氏旧蔵流言資料の研究」

論文（佐藤 1985b）は、最初の単著『読書空間の近代』とともに、「研究者としての最初の仕事」と位置づけられている。[1] 研究者としての最初の仕事が、その人のキャリアや文体や業績にどの程度影響を与えるかは、人によって異なるのかもしれない。しかし佐藤に関しては、「研究者としての最初の仕事」である「池内一氏旧蔵流言資料の研究」論文と、一九九五年に公刊された『流言蜚語』第二章には、その後の作品の多くに共通する研究上の「作法」が濃厚に書き込まれているように、筆者には思われるのである。

いささか補足するならば、『流言蜚語』第二章は、元東京大学新聞研究所教授で、社会心理学者の池内一が個人的に収蔵していた流言資料、いわゆる「池内流言資料」の内容と来歴を解き明かした論文である。佐藤自身の回顧によれば、それは「筆者が修士論文のための資料を収集していた一九八〇年前後に、その存在を知った」（佐藤 1995: 40）ものである。大学院時代の指導教官である高橋徹・元東京大学文学部教授から、「太平洋戦争中の戦時流言」（池内 1951）という、『社会学評論』掲載の論文の存在を知らされたのがその始まりであったという。

一九五一年に刊行された、池内の当該論文を紐解いてみる。するとそれは、「私は或事情から今次大戦に於ける、わが國の流言に関する相当まとまった資料を手に入れることが出来た。〔……〕その性質上、この種の資料は終戦時大部は火中にされたものと思われる。又、たとえ保存されているとしても、その公表には多くの抵抗があるであろう」という、いささか謎めいた一文から始まっている（池内 1951: 30、一部、現代仮名遣いに改めた）。池内によれば、この「まとまった資料」は、「憲兵司令部が作製した流言に関する情報」であり、（a）各地域憲兵隊が警察と協力し、通報、密告、聴込、直接傍聴、等に基づいて、流言の流布者を捜査・取り調べて、その内容、動機などが治安維持上重大であるか否かに従って処分したもの、（b）この処分の結果を一月ごとにとりまとめて憲兵司令部に提出したもの、（c）憲兵司令部が全国における流言発生状況を統計的に観察し、「X月に於ける流言蜚語」という表題を付した憲兵情報として、軍部内関係方面に配布したものからなっている。

この論文はこの後、流言の発生、動機、伝播の状況などについて論じることになるのだが、本章の直接的興味はそこにはない。そうではなく本章では、佐藤がこの謎めいた資料にどのようにアクセスし、どのような作業を行い、何を汲み取ったかを再度整理することから始めてみたい。そのことを通して、佐藤が構想した歴史社会学の実践が、どのような特性を有するものであったかを確認し、佐藤社会学の魅力の源泉の一つについて論じたい。

2 佐藤健二が池内流言資料を読み込むまで——資料の形式・形態分析

再び佐藤の回顧によれば、佐藤が修論を執筆していた一九八〇年頃には、すでに故人となっていた池内に、データの出所や由来を直接確かめることは不可能であったそうである。佐藤が本格的にこの資料を探し始めたのは、一九八三年に入ってからのことである（佐藤 1995: 40）。それは、佐藤が一九八三年三月に東京大学大学院社会学研究科博士課程を退学し、同四月から、東京大学教養学部助手（社会科学科社会学教室）として勤務し始めた後のことであったという。[2] 池内が生前勤務していた東京大学新聞研究所に資料の所在を問い合わせたが、そこに資料はなく、池内の夫人の連絡先を伝え聞いた。[3]

佐藤が意を決して、池内夫人に手紙を書いたところ、故人の書斎から、当該資料を含むファイルを探し出し、佐藤に提供してもらえたのであった。そのファイルは、池内が戦後ノートとして使った紙片や、彼自身が作成した統計表やグラフなども混じっていて、必ずしも整理された状態ではなかった。しかし流言関係のオリジナル資料は、一つにまとまって岩波書店の古い封筒に入っていた。その封筒に、岩波書店発行の雑誌『文学』の編集者とおぼしき人物の、「ながい間お借り致しました。おかげさまで、南先生の論文も出来上がりましたのでおとどけ致します」という挨拶文が書かれていた。ここでいう「南先生」とは、社会心理学者の南博のことであり、南が一九六二年に公刊した「流言飛語にあらわれた民衆の抵抗意識」（南［1962］1964）を執筆するために借り出し、実際に利用したことが確認される。

いったん資料を入手してからの佐藤は、一気呵成に探索を進めた。その探索方法は、主として三つに分類することができるように思われる。

第一に、資料整理の過程で、内在的に判明することの推理・確定である。たとえば池内のものと思われる二次的なノートを除いて、資料本体として括れる部分について、テクストの順序等確定しうる範囲でリストを作成した(4)。これにより、①この資料群が、「X月中ニ於ケル造言飛語」と題された、憲兵司令部が修正した全国レベルの報告と、「流言蜚語流布状況ニ関スル件」という、東部憲兵隊が作成した東京を中心とした地方レベルの報告の二系統が存在すること、②本資料の書写による作成が東京で行われたこと、③一九四五年七月中旬から八月初旬（つまり終戦間際まで）に書写作業が行われたことが推察された。また、南（1983）が行った流言数に関する地域別の集計には、本来比較すべきでない全国レベルと東京レベルを比較してしまっているがゆえに、その数字には実質的には意味がないことが示唆されている。

また資料の大部分を占める特殊な用紙が、図形や数字まじりの「問題」が印刷された紙であり、謄写版はその紙の裏側を使っていることが判明する。その「裏紙」をつなぎ合わせてみると、海軍技術研究所が見習い工員採用のための知能検査・能力検査のテスト用紙として使っていたことが浮かび上がる。この事実が、池内流言資料が成立する来歴を明らかにする、大きな手がかりとなるのである。

池内流言資料の「裏紙」が、もともと他の用途に使われていたこと自体は、佐藤がいうように、戦時中の物資不足を如実に物語るものであり、ある種の奇偶といえる。しかし裏紙をつなぎ合わせて、もとの用途を復元するとなれば、これはもはや歴史学における史料批判の領域に達しているのではないか。たとえば中世史家の網野善彦は、能登の旧家・時国家《ときくにけ》における、ふすまの下張に使われていた裏紙（紙背文書）を研究することを提唱し、中世史料学の方法に革新をもたらした（網野 1996）。紙背文書の研究が、この当時の歴史学や民俗学でどれくらい一般化されていたかは定かではないにせよ、このときの佐藤の取り組みは、まさに紙背文書の研究に匹敵する質を備えていたといえる。少なくとも社会学の歴史研究において、これほど資料の形態にこだわり、多くを引き出した研究を、筆者は寡聞にして知らない。

第二に、資料の来歴についての事情を知るかもしれない人物に対するヒアリング（聞き取り調査）である。表1にある通り、一九八三年の一年間に、池内資料の来歴を知りうる可能性がある人に、立て続けにヒアリングを行っている。

たとえば、とある研究会の雑談で、成城大学の社会心理学者であった故・石川弘義から、同じ内容の資料を南が有しており、森田信（作家・森田たまの息子）が関与したらしいという情報を得る。この後、わずか数ヵ月のうちに、この二人にヒアリングを行っている。特に森田から、兼子宙、鶴田正一、牧田稔、宮城音弥など海軍技術研究所に関わった人とのつながりを得て、ヒアリングを重ねることで、池内が戦争末期に海軍技術研究所の応用心理研究の部局に予備士官として勤務し、そこでこの流言資料を入手した事実を確定している。

このような資料の「来歴」に関する探索は、歴史学では通常、史料学という範疇や、史料批判と呼ばれるプロセスに属する。歴史学の史料批判では、分析の対象となる文書がどのような経緯でその場に残されたのか、作成者は誰で、誰に対して、何の目的で書かれた文書なのか。それは偽文書ではないのか、偽文書だとしたらそれはなぜ作成されたのか、といった事柄を調べ上げる（網野 2004）。佐藤も、ヒアリングから得られた情報を総動員して、池内が予備士官として勤務した海軍技術研究所の沿革や、当研究所における心理学の応用、その実践としての採用適性検査の実施状況へと探索は進んでいく。その結果、池内流言資料の裏紙が、採用適正検査に使われた用紙であった理由が解き明かされる。

第三に、池内が、どのような経緯でこの資料を入手したのかを明らかにすることを通して、池内ら社会心理学

表1　佐藤健二が池内資料論文に至る足跡

1980	修士論文のための資料収集で、指導教官高橋徹より、池内（1951）の所在を知る。池内はすでに逝去。
1981.4〜 1983.3	東京大学大学院社会学研究科社会学（A）コース博士課程に在学。デルファイ法に関連したアルバイトで、磯村英一、黒川紀章、加藤紘一らにインタビューした。
1983	東京大学新聞研究所・岡部慶三に池内の連絡先を照会する。
1983.4.28 〜5月上旬	池内由紀子夫人に手紙を書き、故・池内の書斎からファイルをみつけてもらい、赤坂で会い、資料を自由に利用する許可を得る。
1983	権田保之助に関する研究会で、成城大学石川弘義から、同内容の資料を南博が所有していること、森田信（作家・森田たまの息子）が関与しているとの情報を得る。
1983.6.1	森田へのヒアリング（赤坂にて）。
1983.6.28	産業心理学者・兼子宙へのヒアリング（海軍技研実験心理研究部の一員として）。
1983.9	南に会い、『近代庶民生活誌 4 流言』の編集・執筆に携わる。
1983.9.12	兼子の後任・鶴田正一（当時、中京大学大学院名誉教授）へのヒアリング。早稲田で開催された日本心理学会大会時。
1983.9.28	牧田稔へのヒアリング。
1984.2.13	宮城音弥の自宅を訪問。
1985.2	『近代庶民生活誌４流言』（三一書房）を刊行し、池内流言資料を復刻する。
1985.2	『社会科学紀要』に「池内一氏旧蔵流言資料の研究 資料ノート篇」を投稿。
1985.2	脱稿前に宮城音弥『新しい感覚』（1955）を発見。
1985.3	『社会科学紀要』に同上論文が掲載・発刊される。
1995.3	『流言蜚語』の第２章に佐藤 (1995b) が収録される（pp. 39–112 が論文、pp. 211–229 が資料編）。２章は、全 234 頁のうち 57 頁で、24.3%を占める。

者や社会科学者が巻き込まれた、終戦直前の歴史的状況や社会関係を復元する作業が行われている。具体的には、海軍技術研究所の実験心理研究部は、終戦の年（一九四五年）に戦争心理対策本部と改組され、そこに外部領域の研究者が嘱託や研究会の講師といった形で多く参加した。池内自身は海軍技研内部の研究員であったが、宮城音弥、中野好夫、尾高邦雄、清水幾太郎、都留重人、坂西志保、金子武蔵といった、戦後の人文・社会科学を支える有名人が大挙参加し、「目黒の一角に梁山泊が築かれた」（兼子 1979: 135）観を呈するまでになっていたという。

先の流言資料の作成に関わったのは、改組後の第四科（思想戦）・第九班（社会事象、特に流言、恐怖、暴動等の社会心理に関することを扱う部局）であり、公私取り混ぜた、半ば非制度的な活動の結果として、情報が蒐集されていく。池内流言資料の作成は、こうした活動の一環としてなされ、池内と同期の予備士官心理学徒であった森田が、憲兵隊作成の流言資料の借り出しに一役買ったという（佐藤 1995: 71）。さらに牧田、鶴田、宮城ら関係者へのヒアリングを通して、流言の蒐集・整理が海軍技研の共同研究の一環として行われたことが明らかになる。こうして得られた情報は、学徒動員の女学生が手伝ったり、池内自身が筆記したりすることで「書写」されていき、最終的に池内の手元に残ったのである。

これを、佐藤自身は次のように表現している。

> データが「書写」というかたちで、非公式もしくは非制度的に移動したことが、軍では敗戦時におそらくその他の諸文書とともに火中に投じたであろう内容が、今日に残ることになった経緯である。この資料が焼かれずに残ったのは、書写作業にも深く関わった旧蔵者の研究者としての意思に多くを追《［ママ］》っているが、他面、直接の作成者・担当者ではない、しかも周辺的な部局に、非公式に移動していたという要素が幸いしていることもつけ加えておかなくてはならない。「残存」はけっして偶然や天恵にのみに帰せられるべきものではなく、構造的な効果の接合をもまた読み取

りうる。(佐藤 1995: 75、下線部筆者)

引用箇所の下線部は、ある資料(史料)がたまさか誰かのもとに残されたという事実自体に、ある時代的・歴史的状況における社会関係の構造が反映されているという、きわめて社会学的な認識であるように思われる。歴史社会学を志し、戦時期から終戦直後にかけての公文書の不足に悩まされたことがある研究者ならば(筆者自身を含む)、この指摘は重く胸に迫ってくるにちがいない。現代の社会科学や歴史学の方法規準に慣れた者は、しばしば特定の資料(史料)がどれだけ本物に近いか、その内容が信憑するにたるか、あるいは、社会科学のデータとしてどこまで利用可能かという、現在の研究者視点に基づいて、史料の価値を裁定・裁断するきらいがある(5)(その挙げ句、価値の低い史料に依拠すべきでないとか、無作為抽出でなければ統計的検定を伴うようなデータとして使ってはならない、といった偏狭な立場が生まれることもある)。しかし史料が特定の誰かのもとに残存しているという事実ならびに残存の経緯を復元すること自体が、新たな歴史社会学的想像力を発揮する源となりうるのである。

この引用は、社会学の方法の歴史という観点からも、後世に残されるべき名言であるように筆者には思われる。

3 一九八四年論文と一九九五年論文の「差分」

ここまで佐藤(1985b)における記述と、『流言蜚語』第二章の記述(佐藤 1995)を、腑分けせずに論じてきた。『流言蜚語』第二章は、佐藤(1985b)の再録という面もあり、同一の資料やデータが多く提示されている。しかし、そもそも佐藤は、なぜ池内流言資料を探そうとし、そこからどのような論文(ないし単著)を構想していたのだろうか。これは一九八五年の論文にはなく、一九九五年の論文に新たに現れる論点、いわば「差分」を確認することによって、その一端をうかがい知ることができるように思われる。

ここでは「差分」の中で筆者が特に重要と感じた、三つの論点について指摘したい。

第一は、池内流言資料は、「戦争体験というかたちでの回顧的データとは異なる、同時代的な特質をもっていた点こそ、歴史社会学的な社会意識研究の観点からわれわれが注目した所以である。戦時下の社会に対する同時代の観測という点で、今日の世論調査にも近い要素があった」(佐藤 1995: 41、下線部筆者) という指摘である。あえて付言するまでもなく、近年のライフストーリーやオーラル・ヒストリー研究では、歴史的事実そのものよりも、人々の回顧、回想、語りにおける、歴史という「物語」の〔再〕構築に注目がなされる傾向が強い (中野・桜井編 1995; 桜井編 2002)。もちろんそれは、社会学が歴史学における実証研究とのちがいを獲得するために必要な戦略の一つなのであろう。しかし他方、特定の過去における「同時代の観測」を掘り起こし、その「観測」が当時の社会でもちえた意味を再構成する作業は、やはり歴史社会学の魅力の根幹に置かれて然るべきものではなかろうか。

第二に、池内がこの資料を数量的な分析の素材として利用するのをあきらめたのとは逆に、佐藤は、この資料について、次のように述べている。

> 一定の事例記述の集合であることを、徹底的に生かすべきではないか。この事例の塊をひとつの足場としつつ、「機会性」を含めた「憲兵」的介入・解釈の位相決定を、逆に実証的に行う可能性〔……〕を考えてみてもいいと思う。憲兵司令部の文脈によって「構造化」されているこの資料はなお、構造の流動化=再構造化をおこないうる資料的実質をそなえていると考える。〔……〕ぼくはむしろ個人的な表出に近い日常的な言説、すなわち世間話というカテゴリーに入るような発言のあり方が集大成されていることを、この資料のむしろ強みと考えたい。(佐藤 1995: 108)

流言の量や認知件数を数量化するだけではなく、流言の内容に踏み込んで、流言が発生する場の歴史社会的特質を解き明かそうというのである。そうした分析の一例は、『流言蜚語』第一章「民話の対抗力」に登場する、爆弾よけとしてのラッキョウ信仰の分析や、第四章「クダンの誕生」におけるクダンのうわさ話の分析の一部として活かされることになる。

第三に、池内流言資料は、『流言蜚語』の中では、既存の社会学における調査枠組みとしての、「質的／数量的」という二分法を乗り越えるための手がかりという扱いを受けている。たしかに池内流言資料は、「数量的」な分析を施すには十分でない、「質的」なデータという扱いを受けるものなのかもしれない。しかし佐藤はここで、「一九九〇年代のわれわれとしては、「質的／数量的」という二項対立的な理解そのものを、もっと徹底して解体し、のりこえていきたい」（佐藤 1995: 42）と力強く宣言している。「質的／数量的」という二分法の解体へのこだわりは、その後、「量的／質的方法の対立的理解について」（佐藤 1996）や「『社会調査ハンドブック』の方法史的解読」（佐藤 2003）、『社会調査史のリテラシー』（佐藤 2011）へと展開されていく。この原点にあるのが、歴史学における史料批判を含みこむデータの形式分析、すなわち資料の社会的存在形態の分析であり、ここから、データの日常生活的・社会関係的位相の反省的把握という意味での「データの質」（佐藤 2011: 180）に着目するという発想が生まれてきたのであろう。(6)

4　ミステリーとしての歴史社会学

『流言蜚語』に登場するさまざまな「うわさ話」はそれ自体、興味深い内容が多い。しかしながら、佐藤の歴史社会学は、歴史的史料や事実の面白さ、興味深さに過度に依存することなく、それらの素材を社会学的な知を再活性化するために活用するという方法意識に支えられている。ある意味では、きわめて玄人肌・職人肌の色彩の強い作品である。(7) 流言や歴史的事実の「内容」よりも、その内容を生み出した「形式」や歴史的背景を問うという、研究のプロフェッショナルにしか書けない作品というべきであろう。

他方で、池内流言資料の出自と来歴の謎に迫った『流言蜚語』第二章「資料の形態を読む」は、その探求・探索の過程自体がスリリングであり、それを読み解く読者にとっても、佐藤の推理が進行する過程を追体験できる。その意味で、探偵小説やミステリー小説を読むときのような高揚感を感じることができる。往時を知る関係者にヒアリングし、現物資料を再構成し、周辺情報としての沿革資料や関連資料を読み漁る、若き日の佐藤の姿は、さながら現場百遍の捜査と推理を楽しむ探偵のようですらある。戦時流言の「形式」に着目した上で、流言資料が池内の手元になぜか残ったという事実の謎を解明することを通して、戦時下日本における心理学者と社会学者のありようを復元していくその実践に、ある種の感動を覚えざるを得ないのである。

むろん歴史社会学を志した人なら誰もが、ここで佐藤が行ったような「捜査」と「推理」を実現可能かといえば、それは定かではない。資料との出会いそのものが偶然と僥倖の産物ともいえるし、佐藤のような粘り腰で探索を進めることは、ある種の個人芸とならざるを得ない面もあるからである。

そうであるとしても、後続する歴史社会学者は、いかにして佐藤の歴史社会学における「方法意識」を自らの研究に取り込んでいけばよいのか。途方も無い問いのように思われるかもしれないが、やはり佐藤より後年に生まれ、佐藤社会学から知的刺激を受けてきた人間は、なんらかの形でこの問いに関わらざるを得ないだろう。

私的な感慨で恐縮だが、佐藤が一九九四年十月に東京大学大学院社会学研究科に助教授として赴任し、その最初の演習に出席して、草津での温泉合宿を企画した筆者にとって、『流言蜚語』第二章のような「謎解き」を、社会学という学問の枠の中で実践し、それについて世に問うことは、その時点では想像すらできなかったことであった。流言研究や社会意識研究を本分としない筆者にとって、この論文はひたすら憧れの論文であった。しかし自分も、いつか、どこかで、別の形でミステリーのような歴史社会学を実践してみたい、というモチベーションを与えてくれた論文でもあった。

筆者自身は、研究者として駆け出しであった二十代には、言説の歴史社会学を標榜し、近代日本におけるセクシュアリティやオナニーに関する言説をちまちまと収集し、その全体像を再構成するという、マニアックな仕事に没頭していた。三十代になって、岡山大学や信州大学で社会学教員として職を得てからは、地域社会のフィールドワークやアンケート調査、少子化問題、人口減少社会論などに手を拡げてきた。その間、「社会調査の何でも屋」を志して、さまざまな調査手法に手を出したが、本来のライフワークであったセクシュアリティの歴史社会学を中断せざるを得ない時期があった。『流言蜚語』における佐藤社会学を導きの糸として、セクシュアリティの歴史研究に残された大きな謎――『造化機論』の翻訳者・千葉繁の来歴――を解き明かす知的放浪に旅立つ機会が訪れたのは、ようやく二〇一二年頃になってからのことであった。

それは、明治八~十二(一八七五~七九)年にかけて刊行された、『造化機論』『通俗造化機論』『通俗造化機論二篇』『通俗造化機論三篇』という四冊の性の啓蒙書の奥付に記された「神奈川県士族」という肩書と所在地情報の手がかりだけをもとに、この四冊を翻訳した千葉繁という人物の生年、本名、略歴、生地、親族、職業を確定し、所属集団や地域移動を推定する作業であった。簡単にいえば、ある人物の事績・来歴の研究といったところである。四冊のテクスト以外に千葉繁という人物の情報は何もなく、それまでの研究においてもまったく謎の人物であった。千葉繁なる人物が何者なのか、どういう経緯でなぜ『造化機論』の翻訳に関わるようになったのか。これらの事柄は筆者自身、一九九〇年代に「セクシュアリティの歴史社会学」という博士論文を執筆したときにもまったく手がかりがつかめなかった。

しかし多くの知人・友人に助言を仰ぎながら、国立公文書館公文書検索サブシステム(現代は国立公文書館デジタルアーカイブ)、明治期の神奈川県庁の官員録、浜松井上藩の分限帳、井上家の古文書などを紐解くことを通して、千葉の素性が少しずつ浮かび上がってきた。千葉繁は別名、千葉欽哉であり、浜松井上藩の藩医・千葉忠詮の次男として生まれたこと、幕末にはその地位を受け継いで浜松藩士の藩医となり、当時流行の英学も学んだこと。明治期の版籍奉還により、井上藩の千葉県鶴舞への転封に付き従い、種痘医としての経験を積んだこと。廃藩置県により失職し、その後、明治五(一八七二)年に神奈川県庁職員となり、戸部監獄や横浜病院に医者として勤務したこと。ここで上司であった米国医師シモンズの薫陶を受け、『造化機論』の原著 *The Book of Nature* の翻訳を手がけたこと。『造化機論』がベストセラーになり、類書が続々と世に出るようになっても、千葉は横浜に残り、当地の医学界創成期の中心人物の一人となったこと。これらのことが徐々に確定されていった。

このプロセスを、佐藤が池内流言資料を分析する際に用いた三つの手法、すなわち、①資料整理の過程で内在的に判明することの推理・確定、②資料の来歴についての事情を知るかもしれない人物に対するヒアリング、③当の対象が巻き込まれた往時の歴史的状況や社会関係の復元と比較すると、①によって内在的に判明することはほとんどなく、②についても『造化機論』や千葉の来歴について知る人はまったくいない状況であった。したがって、ほとんど手がかりのない状況から、人物の来歴の探し方をよく知る先輩・友人・知人からの示唆を得て、種々の文書検索システムや幕末から明治初期にかけての古文書を次々と読み込む作業を行う破目に陥った。そこから徐々に、当人の親族関係や職業を同定し、当人が所属していた組織や住んでいた地域に存在したはずの人物を探り当て、さらに当人との関係を探る作業を繰り返した。その結果として、千葉が所属した浜松井上藩の人物研究、大政奉還から廃藩置県に至る小藩の苦悩、幕末から明治にかけての横浜における産業界・医学界の成立状況、『造化機論』に関連する出版業界の実態など、社会史、医学史、地域史、政治史などさまざまな領域を横断しながら、千葉のライフ・ヒストリーを再構成することになった。

資料的探索が一段落した現在でも、千葉当人の肉声や家族・親族の情報はまだまだ不明なことが多い(一通、知人に対する手紙が見つかったのみである)。しかし千葉が体験したはずの人生を再構成し、千葉とつきあいがあったと思われる関係者との関係性を描き出すことで、幕末から明治中盤の歴史社会の一端を描き出すことができたのではないかと自負している。その意味で、『明治の「性典」を作った男』(赤川 2014)は、筆者にとっては、世間の評価はどうであれ、会心の作であり、この本を書けたことで、研究人生上の目標の一つは、ようやく達成できたと感じられたほどであった。

5　佐藤歴史社会学の継承に向けて

領域も水準もまったく異なるにせよ、「千葉繁というミステリー」の謎解きにチャレンジし、それに高揚と興奮を感じ続けられた日々は、『流言蜚語』第二章を読んだときのインスピレーションによってはじめて可能になったことだけは疑いをいれない。

この作業は、日々行われる探索そのものが新たな「発見」の連続であり、当時四十代半ばであった筆者は、年甲斐もなく興奮して、一つ一つの事実の探索と確定作業に寝食を忘れてのめり込んだ。その結果、筆者が千葉の事績や来歴として推定した事柄が、通常の歴史学の史料批判の水準のもとで、歴史的事実として確定しうるかどうかはわからない。もっとも、こうした作業の反復を通して、佐藤が実践した③の方法、すなわち、当の対象が巻き込まれた往時の歴史的状況や社会関係を復元する作業の面白さと意義深さを、肌身で感じることができたのは、大きな収穫であった。

このときの経験から類推するに、扱う素材もレベルも異なるが、二十代の佐藤が助手時代の約二年間をかけて行った池内流言資料をめぐる「謎解き」は、現実に存在するミステリー(謎)を解き明かす喜びに満ち溢れたものであったのではなかったか。それは、あえて筆者の言葉で述べるなら、わずか一つの資料から、同時代の歴史状況と社会関係を復元する「一点突破の全面展開」の営みであったようにも思われるのである。

ここに、佐藤の歴史社会学の作法の凄みがあると結論づけたいところである。

【注】

（1）佐藤の回顧による。二〇二一年五月四日聴取。

（2）佐藤に直接尋ねたところ、「助手になって、時間ができた」からとのことであった。助手一年目の紀要に投稿した論文「池内一氏旧蔵流言資料の研究」が公刊されるのは一九八五年のことであり、ほぼ二年間で行われた探索である。驚異的な作業量であるとともに、（人によって違いはあるだろうが）当時の大学助手が、どれくらい研究に専念し得たかも窺える。二〇二一年五月四日聴取。

（3）佐藤の回顧による。二〇二一年五月四日聴取。

（4）現代であればExcelなどの表計算ソフトを使ってデータベース化するような作業である。佐藤の回顧によれば、当時駒場の研究室に置いてあった富士通Oasysのワープロを使って作成したとのことである。ちなみに富士通独自の親指シフト入力も、この時期に習得したとのことであった。一九八〇年代の東京大学社会学研究室では、親指シフト入力を使って文章を作成する者が多く、そのせいかどうかはわからないが、この時期の当研究室出身者は、現在でも長大な著作をものする傾向が強いように思われる。

（5）実は一九五一年にこの資料を利用して論文を書いた池内自身が、その種の陥穽に陥っているといえなくもない。池内はこの論文の中で、流言の内容を分類したり、流言の地域的偏差や時間的変化の図表化を試みている。しかし池内自身がこの資料のことを、流言採取の機会性、要因分析の非一貫性、内容分類の不明確性、内容記述の不完全性が大きく、

「統計資料としての価値を甚だしく損するもの」であり、「研究者の主観による誤差の介入する余地が非常に大きくなる」ものとして否定的に評価しているのである（池内 1951: 33)。しかし池内は「流言の社会心理学的研究に於ける主要な課題は、流言の発生、伝播の機制を明かにすることであり、そのためには、流言集団の構造、流言伝播の経路、流言内容の転化過程、発生の事態、一定期間内の流言量、等が確定されねば」ならず、「日常的な社会集団内に於ける流言については組織的な調査、既述の要求を満たす如き統計的研究が必要となってくる」ために、本資料は「かかる統計的研究の可能であり、又有効であることを示唆するに足るデータを提供するものといえる」として、本資料の学術的利用を正当化する（池内 1951: 34)。いささか矛盾した対応にみえなくはない。しかし池内にあっては、流言の個別の事例の検討ではなく、流言の組織的調査、統計的研究が可能であるほどの「量」があることが重視される。それゆえに、もともとの資料がもっていた（とされる）限界は、等閑視されたのである。

さらにいえば、こうした等閑視のもとで論文が公刊されたからこそ、佐藤自身がこの資料にアクセスする端緒が切り開かれた、とはいえるかもしれない。

(6) 残念ながら「質的／数量的」という、粗雑な二項対立は、二〇〇〇年代以降の専門社会調査士や社会調査士の制度化に伴って強化された感もある。しかしながら質的なデータとされることばやテクストや言説を、データサイエンスや計算社会科学の方法に基づいて数量的に処理する方法は今後、大きく発展していくであろうし、インタビューなどの「質的」データと、質問紙調査などの「数量的」調査の「いいとこどり」を目指す混合調査の普及など、二項対立を超える営みが、おずおずと芽吹き始めているようにも感じられる。

(7) しばしば、研究におけるネタ＝素材の面白さに耽溺しがちな筆者には、佐藤の方法意識はおそろしく研ぎ澄まされているように感じられる。

【文献】

赤川学、二〇一四、『明治の「性典」を作った男』筑摩書房。

網野善彦、一九九六、『日本中世史料学の課題』弘文堂。

――――、二〇〇四、『日本社会再考――海からみた列島文化』小学館。

池内一、一九五一、「太平洋戰爭中の戰時流言」『社会学評論』二（二）：三〇―四二。

兼子宙、一九七九、「私の心理学遍歴――助けていただいた人々」『教育心理』二七（二）：一三二―一三五。

南博、一九六二、「流言飛語にあらわれた民衆の抵抗意識」『文学』三〇（四）：一―一〇。（再録：一九六四、『社会心理学の性格と課題』勁草書房、四〇〇―四一四頁。）

――――、一九八三、「大戦末期の「流言」と民衆意識」『コミュニケーション紀要』一：一―一三。

中野卓・桜井厚編、一九九五、『ライフヒストリーの社会学』弘文堂。

桜井厚、二〇〇二、『インタビューの社会学――ライフストーリーの聞き方』せりか書房。

佐藤健二、一九八五a、「流言資料の成立をめぐって」南博・佐藤健二編『近代庶民生活誌 四 流言』三一書房、四五一―四六九頁。

――――、一九八五b、「池内一氏旧蔵流言資料の研究 資料ノート篇」『社会科学紀要』（三四）：一九五―二四八。

――――、一九九五、『流言蜚語』有信堂高文社。

――――、一九九六、「量的／質的方法の対立的理解について」『日本都市社会学会年報』（一四）：五―一五。

――――、二〇〇三、「『社会調査ハンドブック』の方法史的解読」『社会学評論』五三（四）：五一六―五三六。

――――、二〇一一、『社会調査史のリテラシー』新曜社。

あとがき

二〇二二年三月、東京大学大学院人文社会系研究科・文学部の佐藤健二教授（以下、佐藤先生、または先生）が定年を迎えられる。本書は、これを記念して編まれたものである。執筆者は、一九九〇年代半ばから二十年ほどの間に佐藤先生の大学院ゼミ（以下、佐藤ゼミ）で学んだ人びとで、大まかに二つの世代からなる。東京大学に佐藤先生が赴任された一九九四年には大学院に在学していた第一世代、そして、先生の赴任以降に大学院に進学した第二世代である。「歴史編」の編者のうち、赤川は第一世代、祐成は第二世代に属する。

二〇〇四年、佐藤先生が研究代表者となり、第一世代が共同研究者として参加する科研費プロジェクト「歴史社会学の理論と研究方法に関する総合的研究」（基盤研究B）がはじまった。これに前後して、先生をかこむ研究会が不定期に、基本的には合宿形式で開催されるようになった（活動は現在も継続中である）。この研究会の名称である「歴史社会学フォーラム」は、ゼミの特徴をよくあらわしている。佐藤ゼミは、一定の型に沿って論文が量産される工場ではなかったし、統率の取れた官僚組織でもなく、ましてや勝負を競う闘技場でもない。それは、参加者がオリジナルな研究を持ち寄り、じっくりと吟味しあう広場《フォーラム》である。

ゼミの参加者の分野はさまざまで、二〇〇〇年以降は文化資源学の演習も兼ねていたから、社会学を専攻していない人も多い。それでいて、先生から発せられるコメントは徹底して個別的であった。参加者がどんなテーマで研究報告を行おうとも、それが学問的に真剣な努力に裏付けられている限り、通り一遍ではない内在的なコメントが打ち返される。このことを、佐藤先生が類まれな博識の持ち主であるという点のみに帰してはならないと思う。では、何がそれを可能にしていたのか。

東京大学文学部社会学研究室が毎年作成する『社会学概論』という冊子がある。社会学専修課程に進学内定した二年生が受講する必修のオムニバス講義「社会学概論」のテキストであり、各教員が一章ずつ寄稿する。佐藤先生が担当する章は「方法論的思考の位相」と題され、この冊子が初めて発行された二〇〇一年から内容に変更はない。ここに、何らかのヒントがあるかもしれない。

先生は「社会学は問いの運動であり、また解読の運動である」と述べたうえで、次のように語りかける。「たぶん内容的・概念的知識の体系としての「理論」とも、実践的・観察的記述の集合としての「調査（いわゆる「実証」）」とも異なる、戦術的で認識論的な知の作法として「方法論」という位相がある。そしてここで触れてみたいのは、方法論的な知としての社会学の特質である」（東京大学文学部社会学研究室編『社会学概論二〇〇一』一六頁）。

この意味での方法論をめぐって繰り出されるコメントこそが、佐藤ゼミの真骨頂であると言ってよいだろう。研究の主体・技法・対象の固有でダイナミックな相互関係を前提としつつ、そこにひそむアンバランスやつまずきの予兆がするどく発見され、これをどのように克服しうるかが暗示されるところに、その要諦があるように思われる。それゆえに、たとえ自分の研究との接点がなさそうに思える報告に向けられたものであっても、ゼミで交わされるコメントはためになる。いわば、個別的、内在的でありながら普遍的、超越的なのである。

もっとも、ためになることと、すぐに役に立つことは違う。その場では分かったような気がしただけで肝心なところが理解できていなかったり、受け取ったコメントの遠大さにどこから手を付ければよいか分からず途方に暮れたり、さんざんまわり道をしたあげく、何年も経ってからその意味がようやく飲み込めた、といった経験は、少なくない参加者が味わってきたはずである。

本書の各章で扱われる主題も素材も一様ではない。しかしその核には、このような「佐藤ゼミ経験」と、そこから得られた身体的とも言えるような学びがある。そして、この学びを、それぞれの持ち場で継承することを目指している点で、志を共にしている。「歴史編」「文化編」という区分けと各章の配列は、体系性や排他性をもつものではない。巻を横断した各章の連環や呼応を見出していただければ幸いである。

＊＊＊

本書の企画について、編者が最初に話し合ったのは二〇一九年の暮れであった。佐藤先生の『社会調査史のリテラシー』（二〇一一年）のほか、ゼミ出身者の著書の出版も数多く手がけてこられた新曜社にご相談したところ快諾していただいた。厳しいスケジュールにもかかわらず、着実に仕事を進めてくださった編集部の髙橋直樹さん、伊藤健太さんに、改めて御礼申し上げたい。そして、編者からの要望に真摯にご対応くださった執筆者の皆さま、激務の合間をぬって序文を寄せていただいた佐藤健二先生に、心より感謝の念をささげたい。

二〇二二年一月

赤川学・祐成保志

や行

ら行

た行

な行

は行

ま行

索　引

李　永晶（り えいしょう）

華東師範大学政治学系准教授。専攻は社会思想史、社会理論。1974年、中国吉林省生まれ。1997年、吉林大学数学部卒業。2008年、東京大学大学院人文社会系研究科博士課程修了、博士（社会学）。汕頭大学准教授などを経て、2011年より現職。主な著書に「马克斯・韦伯与中国社会科学」（华东师范大学出版社、2015年）、「分身：新日本论」（北京联合出版公司、2020年）などがある。

高野光平（こうの こうへい）

茨城大学人文社会科学部教授。1972年生まれ。専門はメディア史、戦後日本文化史。東京大学大学院人文社会系研究科文化資源学研究専攻博士課程修了。著書に『昭和ノスタルジー解体』（晶文社、2018年）『発掘！歴史に埋もれたテレビCM』（光文社、2019年）、編著に『現代文化への社会学』（北樹出版、2018年）『テレビ・コマーシャルの考古学』（世界思想社、2010年）、共著に『失われゆく仕事の図鑑』（グラフィック社、2020年）など。

米村千代（よねむら ちよ）

千葉大学大学院人文科学研究院教授。東京大学大学院社会学研究科博士課程修了。博士（社会学）。専門は家族社会学・歴史社会学。近年の研究テーマは、近代日本の「家」の変容、千葉における有機農業運動の変容過程など。主な業績は、『「家」を読む』（弘文堂、2014年）、『よくわかる家族社会学』（共編著、ミネルヴァ書房、2019年）、『家と子どもの社会史』（分担執筆、吉川弘文館、2022年）など。

執筆者紹介（本文執筆順）

葛山泰央（かつらやま やすお）

1968年三重県生まれ。東京大学大学院人文社会系研究科社会文化研究専攻博士課程単位取得退学。日本学術振興会特別研究員（PD）、京都大学大学院人間・環境学研究科環境相関研究専攻社会環境システム論講座助手を経て、現在、筑波大学人文社会系専任講師。専門は社会意識論、言説分析・権力分析。主要著作に『友愛の歴史社会学――近代への視角』（岩波書店、2000年）、「書評：富永茂樹著『都市の憂鬱――感情の社会学のために』（新曜社、1996年）」（『社会学評論』第49巻３号、1998年）ほか。

佐藤雅浩（さとう まさひろ）

1979年生まれ。東京大学大学院人文社会系研究科修了（博士、社会学）。日本学術振興会特別研究員、小樽商科大学商学部准教授などを経て、現在、埼玉大学大学院人文社会科学研究科准教授。専門は歴史社会学、医療社会学、社会問題の社会学。主要業績として『精神疾患言説の歴史社会学』（新曜社、2013年）、「精神医学とマスメディアの近代」（『精神医学の歴史と人類学』東京大学出版会、2016年、所収）などがある。

秦泉寺友紀（しんせんじ ゆき）

1973年生まれ。東京大学大学院人文社会系研究科社会文化研究専攻社会学専門分野博士課程単位取得。在イタリア日本国大使館専門調査員などを経て、現在、和洋女子大学国際学部国際学科教授。専門はナショナリズムの社会学、イタリア社会論。主要業績として「イスラムはなぜ問題化されるのか――イタリアの排外主義の現状」（樽本英樹（編）『排外主義の国際比較――先進諸国における外国人移民の実態』ミネルヴァ書房、2018年所収）など。

清水　亮（しみず りょう）

1991年生まれ。日本学術振興会特別研究員PD（筑波大学）。博士（社会学）。単著に『「予科練」戦友会の社会学――戦争の記憶のかたち』（新曜社、2022年）、分担執筆に「自衛隊基地と地域社会」（『社会のなかの軍隊／軍隊という社会』岩波書店、2022年）、「地域からみる、観光が拡げる」（『なぜ戦争体験を継承するのか』みずき書林、2021年）、「モノと意味」（『社会学で読み解く文化遺産』新曜社、2020年）。論文に「日本における軍事社会学の受容」（『社会学評論』72巻３号）など。

野上　元（のがみ げん）

1971年東京生まれ。筑波大学人文社会系准教授。専門は歴史社会学・戦争社会学。単著に『戦争体験の社会学』（弘文堂、2006年）、共編著に『シリーズ 戦争と社会』（岩波書店、全５巻）、『歴史と向きあう社会学』（ミネルヴァ書房、2015年）など。論文に「軍事におけるポストモダン」『社会学評論』72巻３号、“Historical Sociology in Japan: Rebalancing between the Social Sciences and Humanities,” *International Sociology*, 36(2).

編著者紹介

赤川　学（あかがわ まなぶ）

1967年生まれ。石川県出身。東京大学大学院人文社会系研究科社会学専攻博士課程修了。博士（社会学）。現在、東京大学大学院人文社会系研究科教授。専門はセクシュアリティ研究、言説社会学。今後は猫社会学の確立を目指す。著書に『セクシュアリティの歴史社会学』（勁草書房、1999年）、『子どもが減って何が悪いか！』（ちくま新書、2004年）、『これが答えだ！少子化問題』（ちくま新書、2017年）、『明治の「性典」を作った男』（筑摩選書、2014年）、『社会問題の社会学』（弘文堂、2012年）、『少子化問題の社会学』（弘文堂、2018年）など。

祐成保志（すけなり やすし）

1974年、大阪府生まれ。2005年、東京大学大学院人文社会系研究科博士課程修了。博士（社会学）。信州大学人文学部准教授などを経て、2012年より東京大学大学院人文社会系研究科准教授。関心領域：ハウジング、コミュニティ、社会調査史。著書：『〈住宅〉の歴史社会学』（単著、新曜社、2008年）、『福祉社会学のフロンティア』（共著、ミネルヴァ書房、2021年）など。訳書：『ハウジングと福祉国家』（新曜社、2014年）など。

新曜社

社会の解読力〈歴史編〉
現在せざるものへの経路

初版第1刷発行　2022年3月19日

編著者　赤川　学
　　　　祐成保志
発行者　塩浦　暲
発行所　株式会社　新曜社
〒101-0051 東京都千代田区神田神保町3-9
電話（03)3264-4973(代)・FAX(03)3239-2958
E-mail　info@shin-yo-sha.co.jp
URL　https://www.shin-yo-sha.co.jp/
印刷所　星野精版印刷
製本所　積信堂

ISBN978-4-7885-1757-8 C3036

好評関連書

武田俊輔 著日本生活学会博士論文賞／地域社会学会賞／藤田賞 受賞

コモンズとしての都市祭礼

長浜曳山祭の都市社会学

縮小する地方都市の伝統は現代においていかに継承されるのか。近世以来の祭礼を通じて負担と名誉を分ちあう「町内」社会の変容とダイナミズム、観光や文化財行政を通じて編成される都市のネットワークを、コモンズ論の視点から分析する気鋭の挑戦。

A５判３３２頁
本体４６００円

武岡暢 著

生き延びる都市

日本都市社会学会若手奨励賞受賞

新宿歌舞伎町の社会学

数千軒のスナック、風俗店等から成る世界有数の歓楽街・歌舞伎町はいかに再生産されるのか。客引き、風俗職従事者などの調査に加え、ビル経営者、不動産業者など空間を商品化する産業を分析し、歴史と構造的空間生成の両面からメカニズムを描き出す。

A５判３３６頁
本体４４００円

三浦倫平 著

「共生」の都市社会学

下北沢再開発問題のなかで考える

街は誰のためにあるのか？ 知らない間に大きな道路が計画され、街の姿が一変する。東京・下北沢に住む人、訪れる人たちが立ち上がった。ルフェーブル「都市への権利」などを援用しながら、現代の都市問題に立ち向かう、実践的思索の書。

A５判４６４頁
本体５２００円

猿谷弘江 著

六〇年安保闘争と知識人・学生・労働者

社会運動の歴史社会学

戦後最大の社会運動といわれる六〇年安保闘争。にもかかわらずこの運動の実態はあまり明らかになっていない。知識人・学生・労働者という三つの主体に焦点を当てて、この運動の力学と構造を社会学的に解き明かす。気鋭の研究者による意欲的試み。

A５判３９２頁
本体５０００円

木本伸 著

孤独と出会いの映画論

スクリーンに映る都市の日常

本書は「映画に問い直された著者の日常の素描集であり、映画との対話の記録」と著者が言うように、監督、役者、原作などにはほとんど言及せず、映画が問いかけてくるものだけを見つめ、映画そのもの（核心）に迫ろうとする全く新しいタイプの映画論。

四六判２２８頁
本体２６００円

（表示価格は税を含みません）

新曜社